日本のアール・デコ建築物語

吉田鋼市

王国社

目次

はじめに

本書は、『日本のアール・デコ建築入門』と『日本のアール・デコの建築家』に続く日本のアール・デコ建築に関する筆者の三冊目の本である。「目次」をご覧になれば気づかれると思うが、前半の三つ章と後半の五つの章は、性格が異なる。前の三章は、『日本のアール・デコの建築家』の続編のようなものであるが、後の五章は華やかな建築家の活動ではなく、アール・デコの建築の盛行を基盤で支えたいわばアール・デコの原動力のようなところを扱っている。つまり、アール・デコの普及に大きな働きをした出版物や展示会などの働きと、一見デザインを否定するかのような主張をしたいわゆる構造派のアール・デコ、そして水道施設や橋など建築以外の土木構築物の意匠とアール・デコとの関係である。これを、前二著の落穂拾いというなかれ。土木構築物は、アール・デコの隆盛を底辺もしくは周辺で支えたとも見られるが、ほんとうは最も中心的なアール・デコの体現物である。実際、建築と土木のアール・デコの造形に違いはないのである。もちろん、土木と建築に関わる人々の相互の交流・影響もあるであろうし、橋や水道施設の一部を建築家が手伝って設計していることもあり、当然といえば当然ではあるが、土木技術者もまた時代の流れの中にいる。というわけで、少し大袈裟に言えば、本書は一種の社会現象であるアール・デコの基盤構造を探る試みでもある。

一、二章で扱った木子《きご》七郎と置塩《おしお》章は、たくさんの仕事を残しているにも関わらず、アール・デコの建築家世代としてはやや古く、またこれぞアール・デコという作品がない故に、気になりながらもこれまでとりあげるのをためらってきた人である。今回、二人の現存作品を逐一見て、彼らの仕事もまた時代とともに微妙に変わっていること、そして晩年はまさにアール・デコ的な仕事を残していることも実感した。木子は代々の京都の御所大工の家系出身という出自もユニークであるが、関西日仏学館の設計に関わるなどそのフランスとの関わりにおいてもユニークである。置塩章は兵庫県の営繕にあって、『日本のアール・デコの建築家』でとりあげた神戸市の清水栄二に先駆けて重要な働きをした人で、昭和初期の兵庫県の建築家を清水とともに代表する人である。しかも、兵庫県退職後の彼の仕事の跡は全国に及んでいる。

三章でとりあげた金重業は、戦後ル・コルビュジエの事務所で学んだ後、韓国にル・コルビュジエ風モダニズム建築を最初期に持ちこんだ人で、戦後の韓国を代表する建築家の一人であり、また社会的に戦闘的な建築家像を体現した人でもある。日本のアール・デコをとりあげる本にわざわざ彼をとりあげるのは、彼が旧制の横浜高等工業建築学科を卒業しているという筆者の個人的な興味に基づくもので、この章は、金重業の仕事に横浜高等工業の教育の影響、つまりは中村順平の痕跡を辿ろうというややマニア的な問いと答えということになる。しかし、これが単なる閑つぶしの探求に終わらず、モダニズムと装飾性・記念碑性というアール・デコの一つの重要な側面に触れんとしたものであることをわかっていただければと思う。

四章は、大正期から昭和初期にかけて活発な出版活動を続けた洪洋社の働きについてのものである。この出版社は、同時代の国内外の魅力的かつ話題性に富む建築作品をいち早くコンパクトな写真のプレート版にして販売していた会社であり、その出版物は製本されておらず、プレートを束ねただけのもので、一枚一枚手元に置いて利用できるという便宜を考えたものと思われる。また出版物にはほとんど文章がなく、写真なり図版だけが勝負という出版形態をとっていた。理屈抜きに同時代の感覚に響く図版や視覚材料を提示してきたということであろう。そこに掲載されたアール・デコの作品が刺激を与え、時には模倣されたことは大いにありうる。実際、洪洋社のプレートに載った図案とそっくりなデザインを現実の建物に見て驚いたことがある。また、この出版社はアイデアコンペを実施し、おそらくは建築家の駆け出しもしくは学生の若い応募者の優秀作品を、やはりプレートにして出版するということもやっていた。つまり、その波及力は底辺にまで浸透していたことであろうということで、この出版社のアール・デコ普及に果たした役割は小さくない。

五章は、分離派建築会を懐柔する形となった佐野利器、内田健三などのいわゆる構造派と、アール・デコの関わりを書いたものである。彼ら構造派も自身で盛んに設計活動を行っており、その仕事のデザインの基本は概ねアール・デコであった。もちろん彼らは先端的なデザインを意図したわけではないが、時代に応じた穏健な装飾的細部を残していて、それが今日でいうアール・デコだということである。この構造派に、歯に衣着せぬ「論客」としてうまく使われた形の野田俊彦の名高い「建築非芸術論」も、時代を離れて読めば、少しもセンセーショナルでもシャープでもなく、ただ稚拙で可愛いだけのもので、あれがなぜ分離派建築会の連中に目の敵にされたか不思議な感じもする。逆に言えば、「建築非芸術論」の出現が作家志向の学生たちの結束を固めたかもしれず、「建築非芸術論」が分離派建築会の生みの親とも考えられなくもない。そこで、野田の論の内実と数少ない彼の現存作品とを比べてみたというわけである。

六章以降は、土木出身の技術者で建築にも関わった人の造形とアール・デコとの関わり、そして水道施設や橋など主として土木技術者が関わったとされる構築物とアール・デコとの関わりに触れたものである。土木技術者は専ら構造と機能に専心し、表層的な形に関しては我が事にあらずと考えていたように思われるかもしれないが、実際は彼らの仕事には造形的にもすぐれたものが多い。そして彼らの造形の基層をなしているのがアール・デコというわけである。これは、単に彼らが同時代に最もよく使われている意匠を自然に採用したにすぎないとも考えられようが、鉄筋コンクリートの構造に、なんらかの彩りを添え、記念碑性を与える際に最も適当、もしくは他に代えがたい造形がアール・デコだったということになるであろうか。そのことは、浄水場などの水道施設や橋の高欄の飾り、とりわけ親柱などによく見ることができる。水道が都市生活を支える基盤施設であることは言うまでもないし、橋をかけることは二つの世界を結びつつ結界をなすきわめて重要な営為であったから、それらの構築物に記念碑性や一種の聖性が託されたのは自然なことであった。鉄やコンクリートの構築物にも、それは必要とされたのであり、その必要に応えたのが、比較的単純で繰り返しが可能で、しかも華やかな面をもつアール・デコだったということである。

というわけで、本書は、つまるところアール・デコの盛行を支えた周辺の人々の物語である。もちろん、彼らはアール・デコにとっては周辺なだけで、彼らの本来の責務については中心的な役割を果たしている。そうしたアール・デコとは無縁のように見える人々にも、アール・デコが根付いていたということは、アール・デコの波及力と浸透性を示す証左となるであろう。そしてまた、そうした周辺にこそアール・デコの本質がよりはっきりと見られるのであり、アール・デコのなんたるかを考える格好の手がかりも見つけることができる。本書は、アール・デコの建築をめぐる様々な物語であり、とりわけアール・デコの基盤を支えた人々と社会の物語である。

木子七郎——関西日仏学館と大阪府立夕陽丘高校清香会館と松山大学温山記念会館

木子七郎（一八八四〜一九五五）は、一八八四（明治17）年四月三十日、きわめて古くからの禁裏御所大工の家系に生まれた。父親の木子清敬《きよよし》（一八四四〜一九〇七）は、明治以降、宮内省等の技師として皇居造営などに携わり、かたわら工科大学造家学科で一八八九（明治22）年から一九〇一（明治34）年まで「日本建築学」を講じ、伊東忠太などの日本建築史研究者が育つもとをつくった。七郎の名は、七番目の子だったからで、兄三人、姉三人、妹二人の兄弟姉妹がいる。世襲からして当然、建築をやるはずだった長男はわずかに二十二歳で亡くなったが、次男の木子幸三郎（一八七四〜一九四一）は東大建築を一九〇一（明治34）年に出て、宮内省等に勤めた後、設計事務所を構え、多くの仕事を残している。彼は東大に入る前に伊東忠太家で学僕をしていたという。また、清敬の次女は、アメリカのイリノイ大学の建築学科を卒業して帰国し東京高等工業で教えた建築家、滋賀重列（一八六六〜一九三六）と結婚しており、七郎はその育った環境からして建築家になるべくしてなった感がする。

ところで、「木子」の読みがやっかいである。禁裏大工の職名としては「きこ」が正しいとされ、木子家の史料が寄贈された東京都立図書館もその史料を「木子文庫（きこぶんこ）」としている。父親清敬も「きこ」と読まれることが多いが、幸三郎・七郎兄弟は「きご」と読まれることが多いように思われる。実際、後に述べる関西日仏学館の建設関係功労者を記した石製プレートにも「KIGO Shichirô, Osaka」と刻まれており、本人もそう記されることに同意をしていたのであろう。そもそも戸籍には読みは記されないから、どれが正しいかの問題ではないが、通常の読みにしたがって木子七郎は「きご」としておきたい。また、細かなことだが、「七郎」も「ひちろう」とするものもあるが、これも関西日仏学館のプレートに従って「しちろう」としておきたい。また七郎の生まれた日も、後述の『ある工匠家の記録』は「四月二十九日」としているが、昭和三年版の『大衆人事録』は「四月卅日」としているので、これによった。

もう一つのややこしい問題が、一九五五（昭和30）年と一九五四（昭和29）年の両説がある木子七郎の没年である。従来は一九五五年説が有力だったが、比較的最近になって一九五四年説が強くなってきたらしい。『美術家人名事典　建築・彫刻篇』（日外アソシエーツ、２０１１年）が一九五四年説をとり、日外アソシエーツ刊行の事典類もみな同説を踏襲していて、その影響が大きいものと思われるが、どれも根拠は示していない。『愛媛県百科辞典』（愛媛新聞社、

1985年）と、それに依ったかもしれない『愛媛県史　人物』（愛媛県、1989年）が、「一九五五年九月」と没月まで記しているが、日本建築学会の『建築雑誌』（1955年9月号）は、会員逝去欄に木子七郎の名を掲げ、「1955年8月26日受信」としているので、一年間も死亡を連絡しないということは普通は考え難く、一九五五年の八月ころに亡くなったと見るのが自然であろう。一九五五年八月没として享年七十一。

東京生まれの東京育ちでありながら、一九一一（明治44）年に東大建築を卒業してすぐに大林組に入社して大阪に来る。大林組は明治期から東京に支店を置いてはいたが、主たる活動は大阪を拠点に行われていて、東京に本社を置いたのは一九七〇（昭和45）年のこと。大林組で担当した新田製革製造所（現・ニッタ株式会社）のオーナー、新田長次郎（一八五七〜一九三六）の知遇を得て、一九一三（大正2）年に新田の長女カツと結婚。同年に大林組を退社して木子七郎建築事務所を大阪に開いている。現在の大阪市中央区十二軒町にある自ら設計して建てたその事務所兼自宅は、所有者が変わりながらも現存。そして一九二三（大正12）年には東京事務所も開設、各地で活発な設計活動を行っている。ちなみに、幸三郎の三男でやはり東大建築出身の清忠の一九八八年の著書『ある工匠家の記録』には、「七郎は……父幸三郎の性格とは全く別で、祖父も特に目をかけていたようだが、将来については一抹の不安をいだいていたようだ」とある。「一抹の不安」が何に由来するのかはよくわからないが、良く言えば臨機応変で柔軟、悪く言えば軽挙妄動な性格があったのかもしれない。また同書には、「父は性格からいって、世間をうまく立ち廻れるような術にはほとんど不慣れだった。同じ東京、大阪に建築事務所を持ち、最初から大阪財閥をバックに仕事をした実弟の七郎とは、性格も違いキャリヤーも違った」という記述もあり、甥の清忠からすれば、七郎は才能もあって決断力に富んではいるが、如才がなさすぎるとも映っていたようである。

また、ついでながら同書によると、幸三郎は東大建築を選科生として入学・卒業したことになっているが、もちろん七郎は通常の本科生である。七郎と幸三郎の微妙な関係と、幸三郎が選科生であったことを清忠がなぜわざわざ書いたか、興味深いところだが、明治末期から昭和戦前まで帝国大学にあった選科生の制度は、原則として本科生に欠員があったのみに受け入れられ、実際には法科大学、医科大学、文科大学の生徒に多く工科大学には稀。幸三郎は二高に入学しているが、病気などで二高を中退したのかもしれない。たしかに幸三郎の建築学会での講演記事（『建築雑誌』1912年12月号）には、通常は「正員　工学士」となるべきところが、単に「正員」とのみなっている。なぜこうしたどうでもいいことをわざわざ書くかだが、人は悲しいかな往々にしてこうした些末なことにふりまわされてしまい、時にはそれに生き方そのものまで決められてしまうことが多いからである。幸三郎のこだわりと恨みは清忠にもじわりと伝わったのであろう。

新田長次郎は愛媛県出身の立志伝中の人で、動力伝道用革ベルトの製造で成功し、一大資産を築いている。篤志家としても知られ、郷里に松山高等商業学校（現・松山大学）を一九二三（大正12）年につくっている。後に建て変えられて現存しないが、この松山高等商業学校も木子七郎の設計であり、木子七郎の最初期の仕事は新田との関わりで、松山に多い。萬翠荘《ばんすいそう》（旧・久松定謨《さだこと》伯爵別邸、一九二二（大正11）年、国重要文化財）、旧・石崎汽船本社（一九二五（大正14）年、国登録文化財）、鍵谷カナ頌功堂（一九二九（昭和4）年、国登録文化財）、そして愛媛県庁舎本館（一九二九（昭和4）年）が、その現存作品である。萬翠荘は、フランスに長期間留学し、当地の陸軍士官学校を卒業した松山藩主の子孫の別邸であるが、まったくのフランスのクラシックな邸宅建築風（図1-1）。これが竣工する前年に、木子七郎は欧米などの海外を長期間旅行しているから、オテルとかパレとか呼ばれるフランスの伝統的な邸宅建築を見てきたのであろう。ただし、萬翠荘に先駆ける大阪の稲畑商店本社社屋（一九一八（大正7）年、現存せず）において、すでにフランスのクラシックな様式を使っており、萬翠荘で木子の建築がにわかにフランスづいたわけではない。そもそも、彼は卒業設計に、マンサード屋根をもつフランス・ルネサンス的な面もある作品を提出しており、フランスへの関心は早くからあったものと思われる。しかし、やはりこれも稲畑商店（前身が稲畑染料店、現・稲畑産業）のオーナー、稲畑勝太郎（一八六二～一九四九）が長期間フランスで染色技術を学んでいるからで、そのスタイルの選択は施主の要望によるものであろう。稲畑と木子の関わりは、おそらく当初は新田を介した大阪財界人との交流から生じたものであろうが、このつながりは後に、関西日仏学館(一九三六(昭和11)年)の設計に木子を加わせることになる。稲畑が日仏文化協会の副会長を務めていたからである。なお萬翠荘には、木子七郎の小さな胸像が置かれているが、これは藤原白男という地元愛媛県の彫刻家の作品らしい。

木子の松山の現存作品の話に戻って、旧・石崎汽船本社はこぢんまりとしたオフィスビルで、その意匠は簡略化したクラシック(図1-2)。アール・デコとしてもよいが、従来使われているセセッションのほうが馴染みがよいかもしれない。特徴的なレリーフがあるという内部は、現在使われていないようで見られなかった。鍵谷カナ頌功堂は、伊予絣の創始者として知られる鍵谷カナ(一七八二〜一八六四)の功績をたたえるための記念堂で、鉄筋コンクリート造ではあるが伝統的な日本の八角円堂風(図1-3)。そして愛媛県庁舎であるが、ディテールが装飾的細部に溢れていて、随所にアール・デコ的な意匠は見られるから、これを彼のアール・デコの代表作をしてもよいような気はする。しかし、この県庁舎は珍しく半球形のドームを戴いており、また装飾的な細部の素材となっている個々の造形もクラシックなものからとられていることが多いようで、むしろ木子七郎の造形の基本がクラシック、とりわけフランスと日本のそれであることを示す格好の例と見るべきであろう(図1-4、5、6)。

このことは、木子の関西の他の作品にも言えることである。和歌山の海南市にある新田長次郎別荘（一九一五（大正4）年、現・琴ノ浦温山荘《おんざん》園）も伝統的な和風の別荘であるし、神戸の「岡本の洋館」の名で知られる旧・稲畑二郎邸（一九二三（大正12）年）も基本的な造形の素材はクラシックであるし、よくぞ使われ続けてきたというべき大阪の北堀江病院（一九二九（昭和4）年、旧・東條産婦人科病院）の玄関部分の意匠も少し変わっているが基本はクラシックである（図1-7）。ちなみに、稲畑二郎は稲畑勝太郎の娘婿で、北堀江病院は間もなく建て替えられるようだ。もっとも、琴ノ浦温山荘園の主屋の、かつてはダンスホールとしても使われていたという地下の部屋の鉄骨柱のカバーに興味深いモダンな造形が見られた（図1-8）。また東京の内藤多仲邸（一九二六（大正15）年、現・早稲田大学内藤多仲博士記念館、木子は内藤の一年遅れの東大卒業）も、これは他の作品と比べて相当にモダンではあるが、正面のアーチの窓列がやや古風な印象を加えている（図1-9）。もっとも照明器具の一部や二階ヴェランダの天井飾りなどにアール・デコが見られはする。

そうした中で、最もアール・デコ的な造形を含んでいるのが、この章の副題に掲げた三つの仕事である。すなわち、竣工年順に記すと松山大学温山記念会館（一九二八（昭和3）年、旧・新田利国邸）、大阪府立夕陽丘高校清香会館（一九三四（昭和9）年）、関西日仏学館（一九三六（昭和11）年）である。といいつつ、松山大学温山記念会館は全体的にはいわゆるスパニッシュの住宅建築で、典型的なアール・デコは建具と室内のガラス細工に見られるのみであり、関西日仏学館の基本設計はフランス人建築家によるものであるから、木子七郎のアール・デコは結局、夕陽丘高校清香会館に尽きるともいえる。

まず、松山大学温山記念会館であるが、これは西宮にある元の新田利国邸であり、後に松山大学の施設となった(図1-10)。新田利国は長次郎の孫にあたる。温山というのは長次郎の雅号で、和歌山の琴ノ浦温山荘園の名前もそれに因む。まず最も目を引くのが、二階の主室(現在は会議室(2)とされている)とその西側の部屋をへだてているステンドグラス(図1-11)。これは二枚の引違いのガラス戸からなっているが、二枚のガラス戸のステンドグラスのデザインは同一。ガラスそのもののデザインでさらに注目されるのが、ビリヤード室の格天井の所々に配された天井照明のカバーガラス(図1-12)。これは斬新なアール・デコのデザインを施されたカットガラスに、一部金色が塗られて秀逸。また、二階の現在は会議室(1)とされている部屋とその東側の和室を結ぶドアのデザインも、これまた斬新なアール・デコ(図1-13)。その他の建具や床仕上げなどにもアール・デコ的な造形が見られ、松山大学温山記念会館は、木子七郎にとってのアール・デコ開花とも目される位置を占める。

大阪府立夕陽丘高校清香会館は、現存する木子七郎の最もアール・デコ的な作品(図1-14)。当時は夕陽丘高等女学校で、校舎も木子の設計であったが、後に建て変えられ、この同窓会館のみが残された。ちなみに、七郎の妻カツは夕陽丘高等女学校の卒業生。外観、内装とも典型的なアール・デコで、正面の二つの円窓が目を引く(図1-15)。その傍らに、「起工昭和八年十一月　清香會館　竣工昭和九年四月」と書いた八角形の銅板プレートが張られている。内部階段の手摺り壁にはめ込まれた金属細工も、正面の円窓の鉄細工以上にユニーク(図1-16)。一階の玄関ホールの天井の四隅には、少しユーモラスなモザイク細工が張られているし(図1-17)、天井灯のカバーガラスのデザインもアール・デコで、この同窓会館は、決して豪華ではないが、当時の最もモダンな造形感覚をよく示しているものといえる(図1-18)。

そして、関西日仏学館(図1-19)。これは、フランスの建築家レイモン・メストラレ(一九〇九〜?)と木子七郎の共同設計だとされている。メストラレは画家の息子で、パリのエコール・スペシアル・ダルシテクテュールで学んだ後、オーギュスト・ペレの建築事務所で働いており、ペレの影響が強い。実際、この関西日仏学館の外観はまったくのペレ調である。設計者の名前にはペレ事務所との関わりを示すものはまったくないから、メストラレは独立していたのであろうが、わずかに二十六歳か二十七歳の彼になぜこの仕事が舞い込んだのか不思議。なんにしても、彼は日本に来ていない可能性が高いから、実施設計は木子七郎に託されたということで、内装のディテールなどはひとり木子の仕事としてよいような気がする。その内装であるが、食堂と厨房を分ける垂れ壁に、典型的なアール・デコの金属細工の装飾が見られる(図

1-20・21)。かつては、これはメストラレの仕事かと考えていたが、夕陽丘高校清香会館を見てからは、これも十分にその展開と見られるような気がする。また、脇階段の側壁にもアール・デコの鉄細工が見られる(図1-22)。それらすべてを合わせて、この作品はいかにもフランス的な印象を与えているが、基本はペレ調で、それに合わせたモダンな装いを木子が加えたと見なされる。そして、この仕事の功績により、木子は竣工と同じ一九三六(昭和11)年にレジオン・ドヌール勲章を授与されている。なお、メストラレは健康面で不安があったらしく、一九四三年をそれほど過ぎぬ頃に亡くなったものと見なされており、彼の名による作品もこれ以外には知られていない。

木子七郎は、同世代の建築家と同様に、クラシックな様式建築から始めてその簡略化、解体化への道を歩み、そして一九二〇年代の後半からアール・デコの意匠を取り入れ始め、一九三〇年代半ばに典型的なアール・デコの建築をつくりあげた。典型的というのは、つまりはフランス的ということでもあるが、木子七郎のこの時期のアール・デコの細部造形は非常にフランス的でもある。フランスの同時代の建築・美術情報をフォローしていたのであろう。また、ここに言及した建物以外にも、いまはなき新潟県庁舎や日本赤十字大阪支部及び同病院や大阪国技館など、たくさんの大作を手がけているが、彼にとってもアール・デコが一つの到達点とも見なされるのである。

図1-1　**萬翠荘**　典型的なフランス古典主義邸館風。ただし構造は鉄筋コンクリート造。

図1-2　**旧・石崎汽船本社ビル**　松山市の三津港波止場入り口近くにある。

図1-3　**鍵谷カナ頌功堂**　吹き放ちの八角円堂。鉄筋コンクリート造。

図1-4　**愛媛県庁舎　外観**　玄関ポーチや正面突出部に濃密な装飾的細部が見られるが、そのモチーフはクラシック。

図1-5　**愛媛県庁舎　ドーム**　塔やドーム風屋根をかけた県庁舎はいくつもあるが、本格的な球形ドームをもつのはこれのみ。

図1-6　**愛媛県庁舎　門柱**　壷状にくびれた四隅の柱頭装飾がユニーク。

図1-7　**北堀江病院**　シンプルな外観であるが、入り口まわりに少し複雑な装飾的細部が見られる。

図1-8　**琴ノ浦温山荘園　本館地下室の柱**　まったく和風の本館の地下に洋風の空間。ダンスホールとして使われたという。

図1-9　**旧・内藤多仲邸**　庇はあるが、複雑な繰形を一切欠いたシンプルでモダンな住宅。

図1-10　**松山大学温山記念会館　正面外観**　基本はスパニッシュの住宅建築。中央部の二階の左側の隅が壁を欠いて窓が連続しているのがモダン。

図1-11　**松山大学温山記念会館　ステンドグラス**　二枚は同形で、どちらも同じ位置に同じようなガラスが嵌め込んである。四章の欄間の図（86頁～91頁）と比べて見るのも一興。

図1-12　**松山大学温山記念会館　ビリヤード室天井ガラス**　典型的なフランス風アール・デコ。その造形は、図1-20、21の壁の飾りと通ずるものがある。

図1-13　**松山大学温山記念会館　扉**　これも典型的なアール・デコ。手前の部屋が洋室で、向こうの部屋が和室。

図1-14　**夕陽丘高校清香会館　外観**　外観からしていかにもアール・デコ的。正面の二つの円窓は側面にもある。

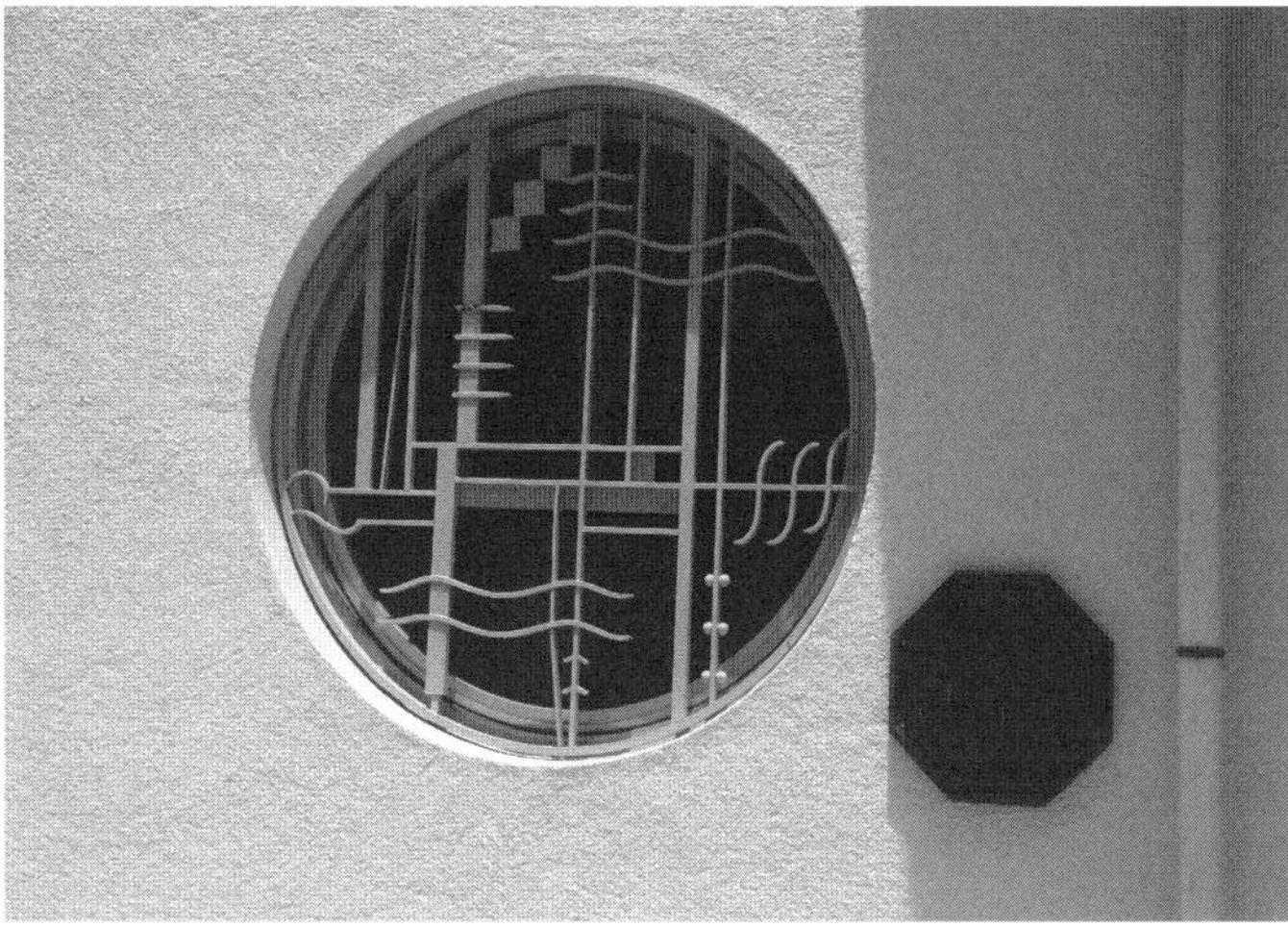

図1-15　夕陽丘高校清香会館　円窓　窓の鉄細工のデザインは、図1-11、12とも同質。右側の八角形のプレートに起工と竣工の年月が記されている。

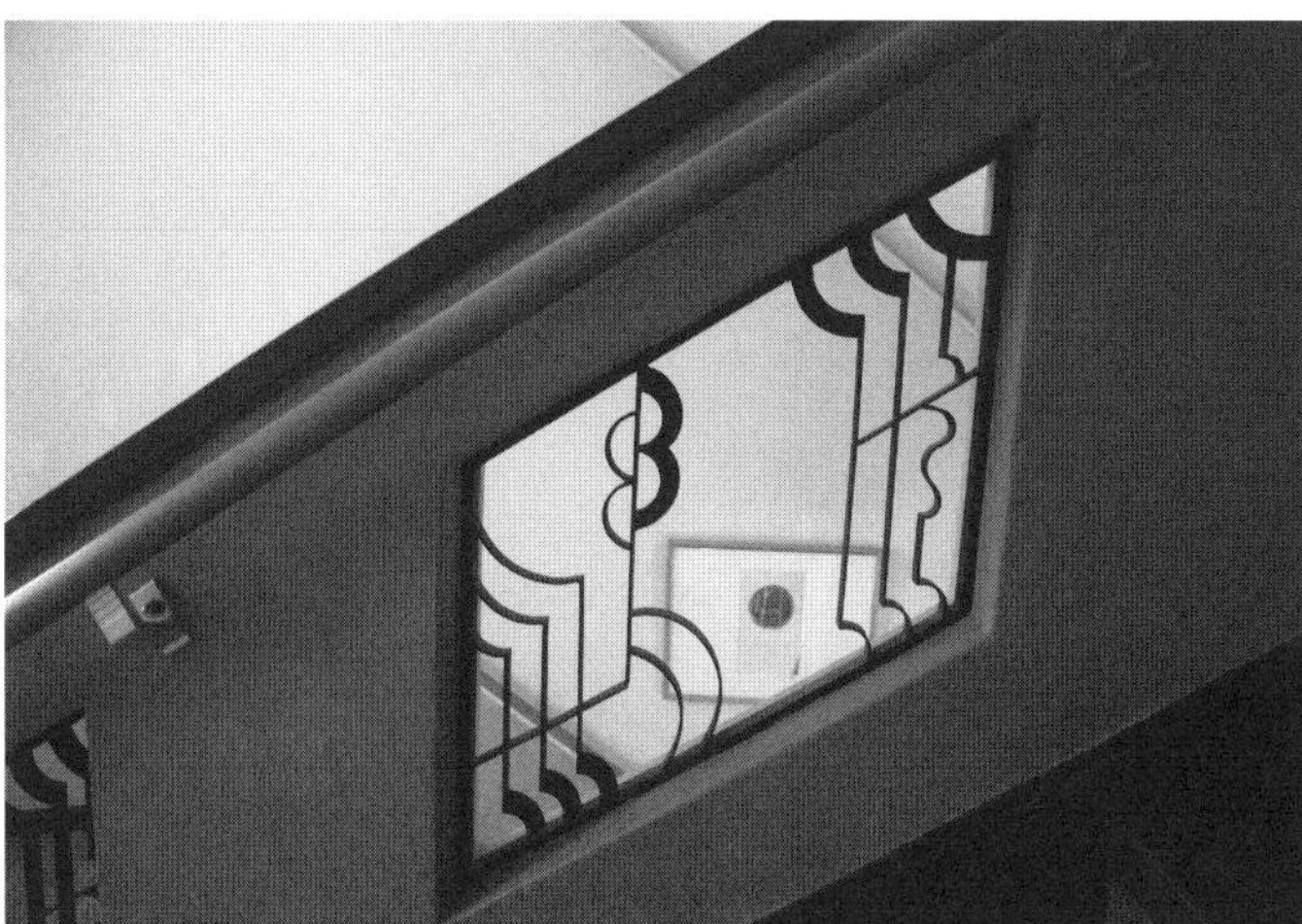

図1-16　夕陽丘高校清香会館　階段細部　階段の手摺りにはめ込まれた金属細工。

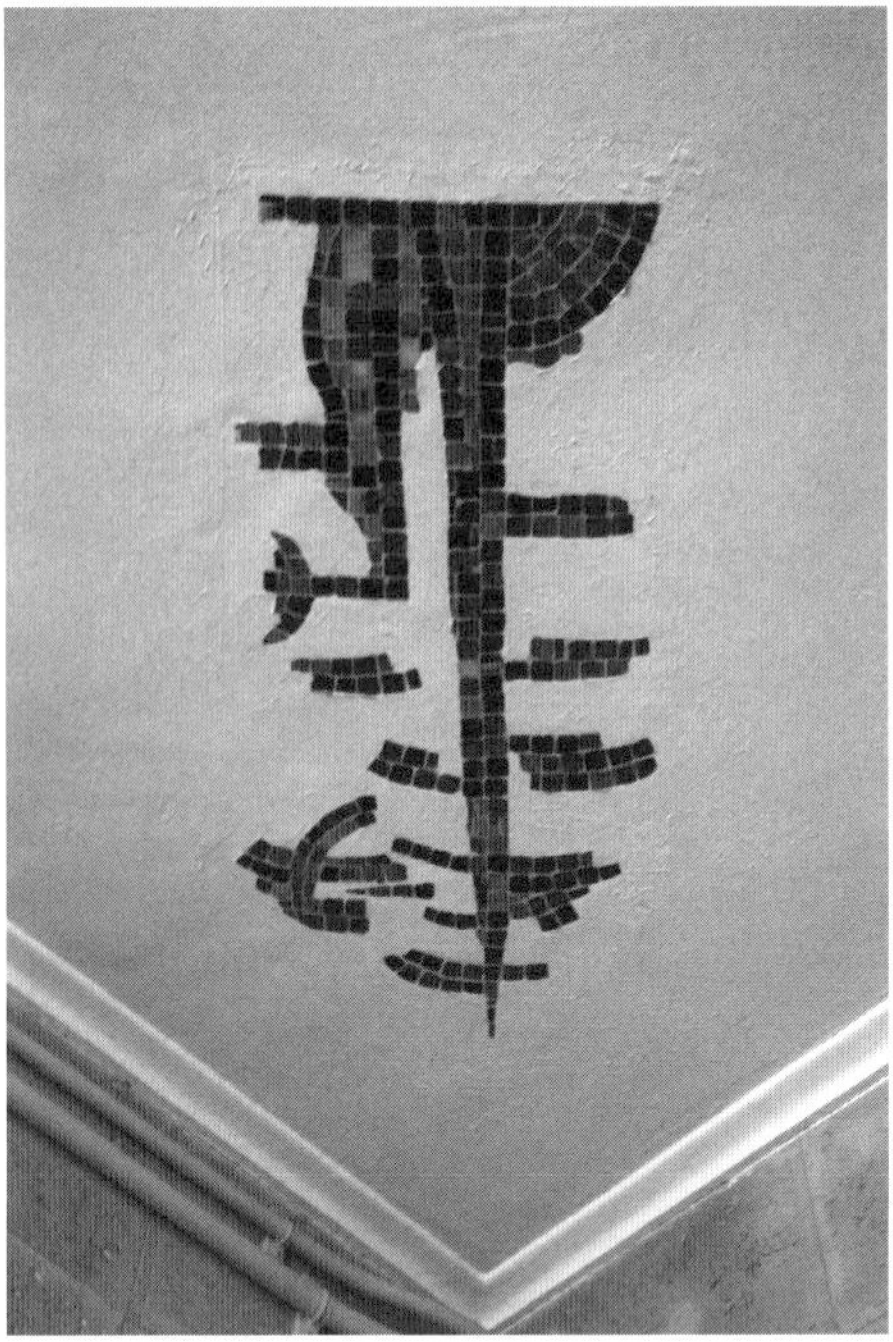

図1-17　夕陽丘高校清香会館　天井細部　天井のモザイク装飾。帆船を表わしたものか。

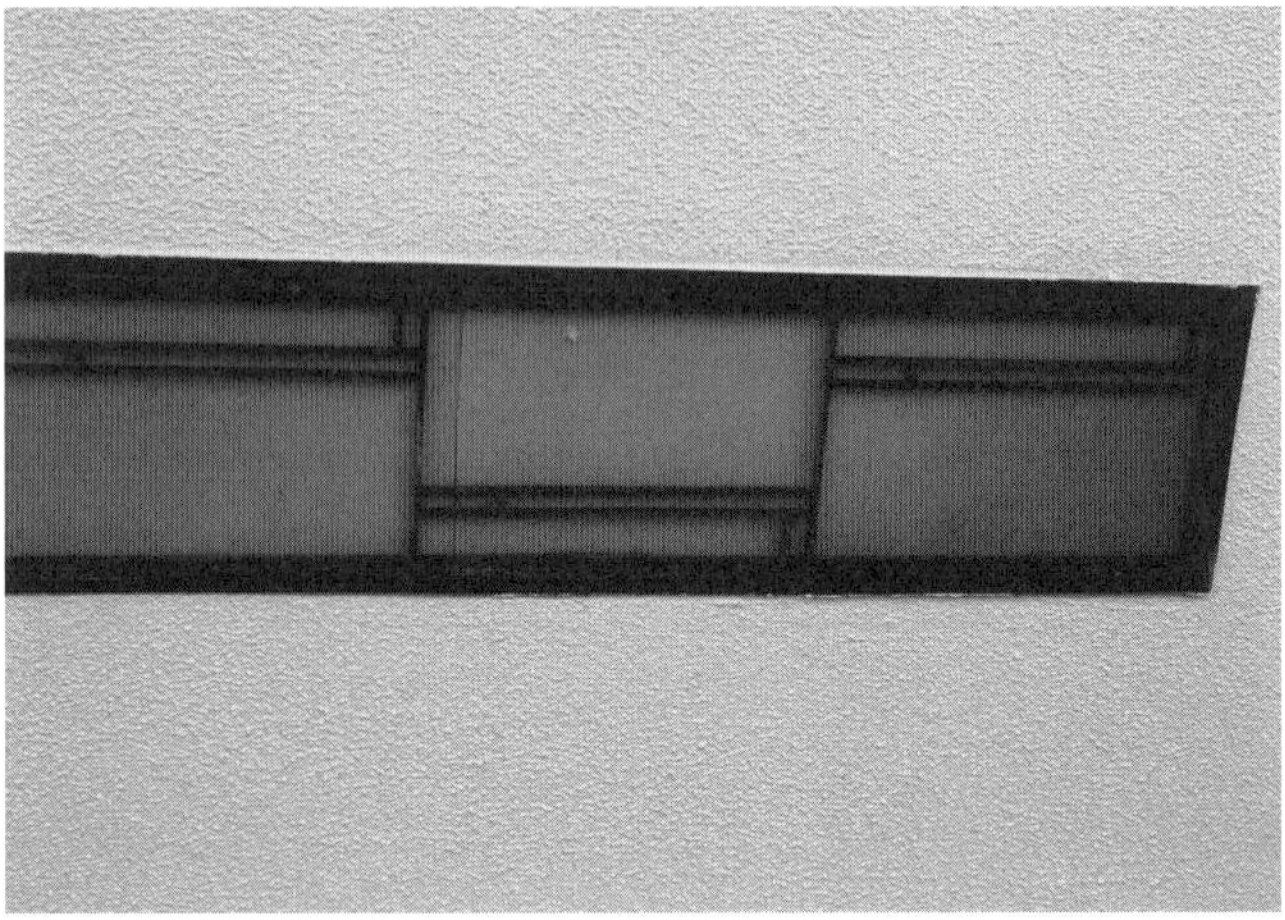

図1-18　夕陽丘高校清香会館　天井照明　単純な造形だが、これも一応アール・デコ。

図1-19　**関西日仏学館　外観**　この外観は専らメストラレのものとしてよく、ペレ風。

図1-20　**関西日仏学館　食堂**　食堂の垂れ壁に設けられた装飾。矩形の中に様々な形がある。

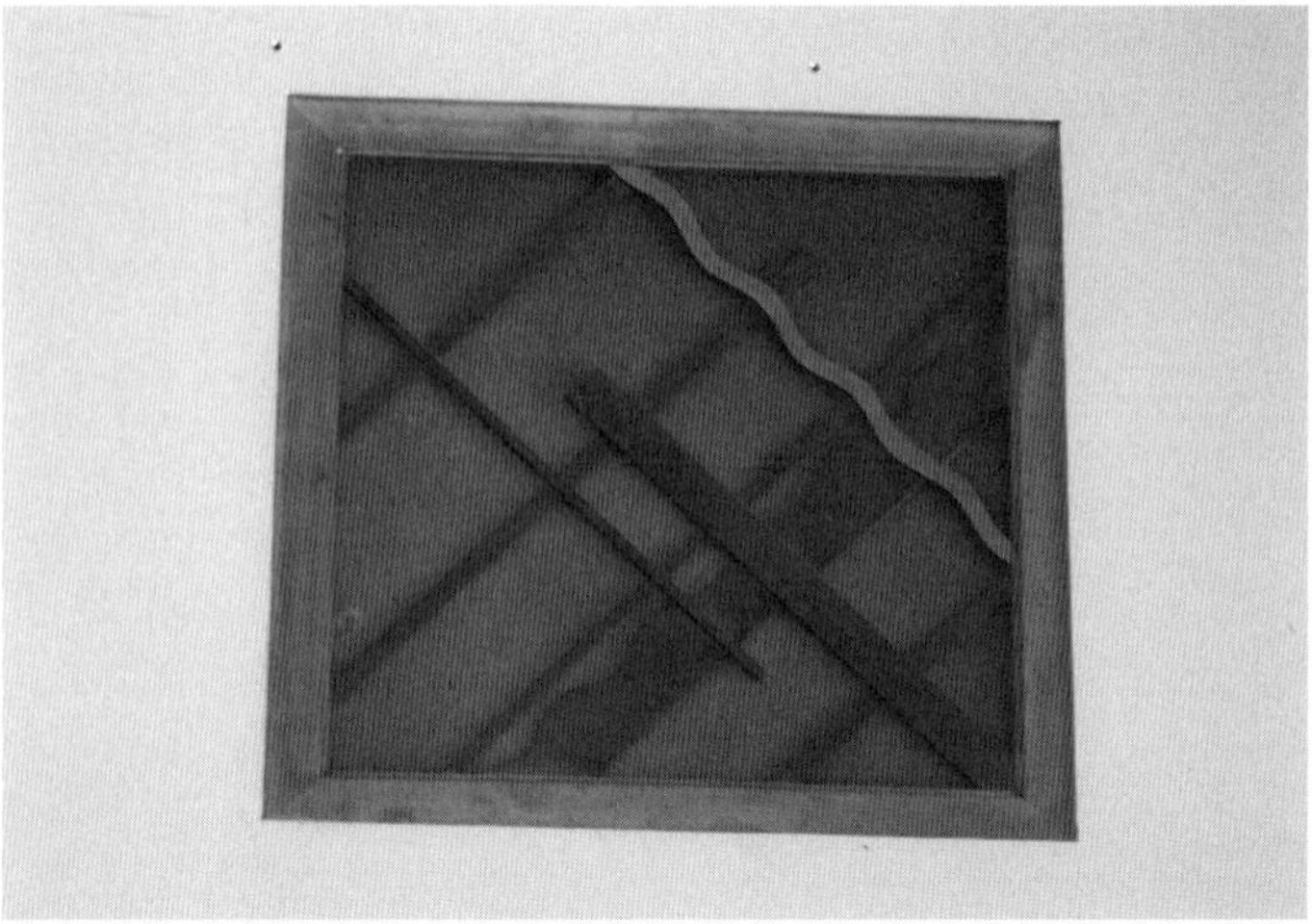

図1-21　**関西日仏学館　食堂装飾細部**　曲線の部分には金色が塗ってあるが、かつてはこの金色がもっと輝いていた。

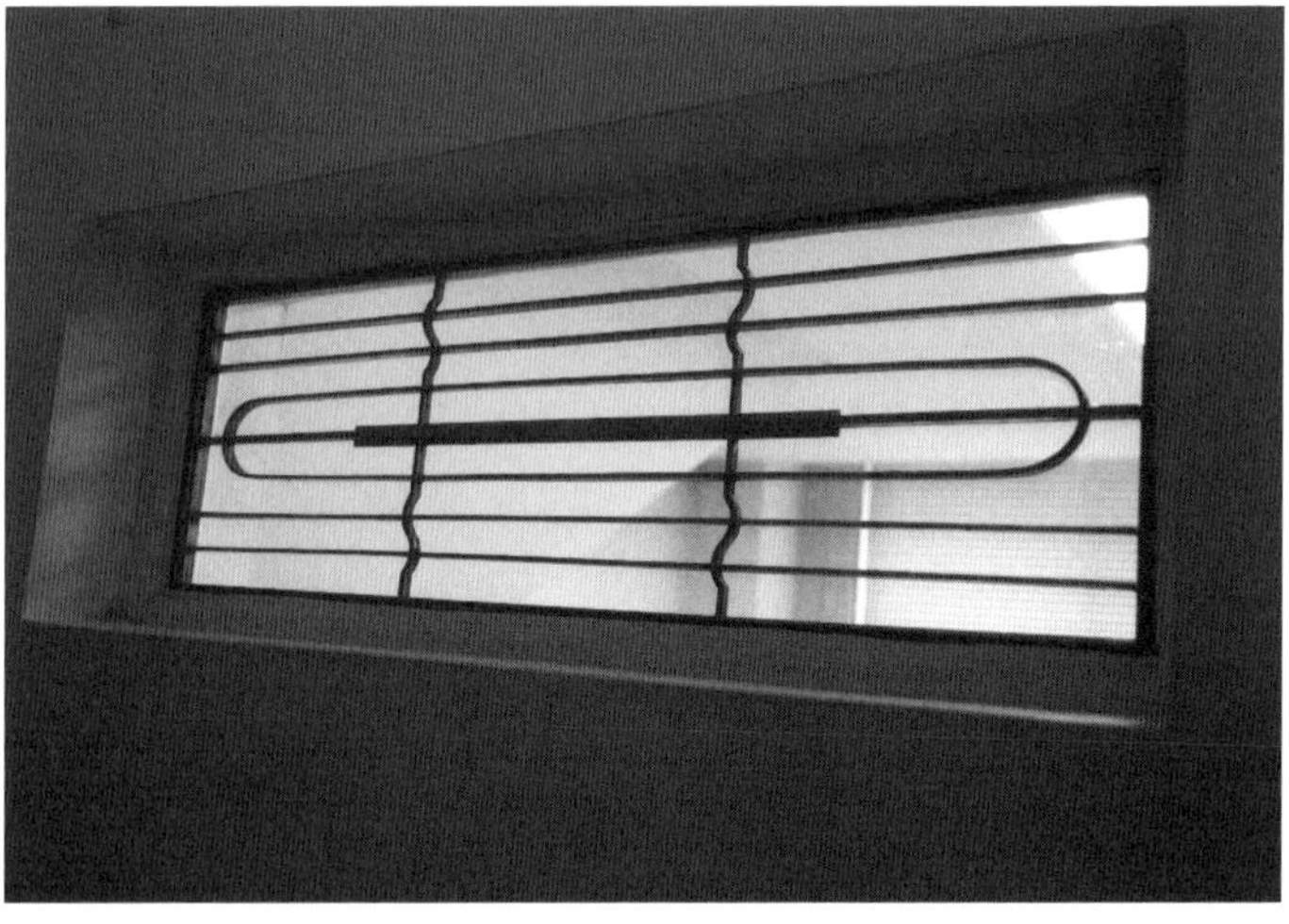

図1-22　**関西日仏学館　階段細部**　二階の図書室に上がる階段の手摺りの金属細工。縦桟に凹凸があって立体的になっている。

置塩章——旧・兵庫県信用組合連合会と旧・鳥取県立鳥取図書館と旧・加古川町公会堂

置塩章（一八八一～一九六八）は、一八八一（明治14）年二月六日の生まれ。姓は「おしお」と読む。実家は島田宿の下本陣を務めた家柄で、父・藤四郎は「棠園」と号した文人として知られ、島田町長も務めている。誕生地については、『兵庫県土木建築大鑑』（土木建築之日本社、1935年）が「静岡市に誕生」とするなど、静岡と島田の両説があるが、育ったのは主として島田として間違いはないであろう。静岡中学、三高を経て、一九一〇（明治43）年に東大建築を卒業。卒業後、大阪の第四師団経理部の陸軍技師として勤務。一九二〇（大正9）年に兵庫県庁に移るまで、旧・大阪砲兵工廠化学分析場（一九一九（大正8）年）など、大阪陸軍関係の施設の設計に従事。この旧・大阪砲兵工廠化学分析場は、閉鎖されているが現存し、大阪城公園内に煉瓦張りの（鉄筋コンクリート造だと思われるが、煉瓦造の可能性はある）雄姿を見せている（図2-1）。陸軍技師時代の一九一三（大正2）年、大阪陸軍被服支廠倉庫の工事中に蓮華文軒丸瓦などの古瓦を発見し採集保管。それが後の研究者たちによる難波宮跡の特定につながったとされているから、置塩は父親譲りの本格的な歴史好きであったようだ。兵庫県庁に移った翌年の一九二一（大正10）年に欧米に出張しているらしい。その後、一九二八（昭和3）年に兵庫県営繕課長を最後に官を辞して自前の置塩建築事務所を開設するまで、兵庫県内の公共施設を数多く設計。置塩建築事務所は神戸と大阪に設置、一時は東京事務所も設けていたらしい。先述の『兵庫県土木建築大鑑』は、「開所以来破竹の勢を以て俄然全國建築設計界に壓倒的躍進振りを示し」と記している。

現存する兵庫県庁時代の仕事としては、旧・尼崎警察署（一九二五（大正14）年）、芦屋警察署（一九二六（大正15）年）、旧・神戸移民収養所（一九二八（昭和3）年、現・神戸市立海外移住と文化の交流センター）が知られている。旧・尼崎警察署はいまは用いられていないが、大阪砲兵工廠化学分析場と比べるとはるかにモダンでシンプルなオフィス建築となっている（図2-2）。玄関廻りにアール・デコ的な装飾細部も見られる。芦屋警察署はファサード保存であるが、現役の庁舎である（図2-3）。その玄関廻りは非常に印象的で、旧・尼崎警察署よりも装飾的で華麗。正面のアーチの要石にはフクロウの像もつけられていて遊び心もある（図2-4・5）。玄関の扉もスマートでよりアール・デコ的になったといってよいであろう（図2-6）。旧・神戸移民収養所はかなり大規模な建物であるが、その玄関廻りには、壁付灯や庇上部の置物などユニークで、見とれてしまう造形物がある（図2-7・8・9）。独自のアール・デコとしてよいであろう。

　ここまでは、中心的な働きをしたにせよ組織としての仕事であるが、これ以降、自らの設計事務所を率いての文字通りの置塩章の仕事ということになり、その仕事は兵庫県内のみならず各地に広がっている。現存の公共的な建物だけでも、兵庫県信用組合連合会（一九二九（昭和4）年、現・韓国領事館）、茨城県庁舎（一九三〇（昭和5）年、現・茨城県三の丸庁舎）、鳥取県立鳥取図書館（一九三〇（昭和5）年、現・わらべ館）、宮崎県庁舎（一九三一（昭和6）年）、国立生糸検査所（一九三二（昭和7）年）、加古川町公会堂（一九三五（昭和10）年、現・加古川市立加古川図書館）、三田《さんだ》学園記念図書館（一九二七（昭和12）年、国登録文化財）があげられ、増田製粉事務所（一九三三（昭和8）年）も、内部はキリスト教会に転用されているが、外観は残されている。これらはみな、一九二〇年代末から一九三〇年代の建物であり、すべてアール・デコ的な造形をたくさん備えてはいるのだが、これぞアール・デコというものがない。置塩は公共的な建築を多く手がけているせいか、なんらかの造形的細部に淫して集中的にそれを用いるとか、一点豪華主義的に一部の建具や装飾に異様に意を注いで人目を引くといったことがない。要するに、安心感を与えるバランスのとれた建築家だったということであろう。そうした中でも、よりアール・デコ的な造形と見なされるのが、この章の副題に掲げた三つの作品である。

まず、旧・兵庫県信用組合連合会(図2-10)。これは現在、神戸の韓国領事館として用いられているものだが、入り口廻りや窓廻りに濃密な装飾的細部が見られる(図2-11)。玄関の庇の下部の持送り、窓廻りの付柱の柱頭装飾など、独自の幾何学的な造形の組み合わせである。その付柱の頂部は東洋的な雰囲気も与える曲面を持っていて、ユニーク。最頂部のコーニスの表面にも、独特の扇面のような連続帯物様があるが、これもかなり細かなディテールを備えている(図2-12)。一階の窓のグリルも健在。この旧・兵庫県信用組合連合会は、置塩のコンパクトで最も密度の濃いアール・デコ作品としてよいであろう。

つぎに旧・鳥取県立鳥取図書館(図2-13)。これは、いまは当初の図書館の機能を失い、鳥取県立童謡館と鳥取市立鳥取世界おもちゃ館からなる複合施設「わらべ館」の一部となっている。建物は一度解体された後に復元されたようであるが、一部のオリジナルの部材が展示されたりもしている(図2-14)。造形的には、コーナーのシンボリックな塔屋の部分が目立つのであるが、その構成要素や、玄関の付柱の柱礎のレリーフや、内部の柱頭の装飾もみな基本的にはクラシックの造形から取られているように見える(図2-15・16)。つまり、クラシックなオリジナルの造形をアール・デコ的にアレンジしたものということになる。木子七郎にしろ、置塩章にしろ、明治期までに建築教育を受けた人は、クラシックな造形細部から完全には自由にはなれなかったのであろうし、新しい建築の動きの情報も限られていたのであろう。そうした中で、最もモダンなアール・デコは、おそらく八角錐台状の天井灯であろう(図2-17)。

そして、旧・加古川町公会堂(図2-18・19)。これは、加古川市立の中央図書館ではないが、加古川市の中心的地区、加古川町にあって、加古川図書館の名で図書館として使われ続けている。この建物は、二階正面の大アーチ窓の印象が強くて、やや古いイメージを与えるが、随所に見られるアール・デコの造形の素材は、完全にクラシックの造形から脱皮していてモダンかつオリジナル。実際、構成要素はすべて直線と幾何学形であり、あいまいな曲線や曲面がない(図2-20)。アール・デコによく見られる折り紙細工のような立体幾何学的造形がたくみにつくりあげられ、置塩章のアール・デコの完成を示している。とりわけ、内部の柱の柱頭の造形が秀逸(図2-21)。

事務所開設後のその他の作品にも触れておこう。茨城県庁舎は、新しい県庁舎が別の場所に作られた後も茨城県三の丸庁舎として使われている(図2-22)。もちろん、アール・デコ的な細部造形は随所に見られるが、由来する形はクラシックなものが多い。その中では東側正面(裏正面)の玄関ポーチのコーニス下端や柱形の最上端のスパンドレルに純粋に幾何学的な装飾的細部が見られる(図2-23)。また、内部の一部の部屋のドアの欄間にも同様なものが見られる(図2-24)。続く宮崎県庁舎は現役の県庁舎で、これも旧・茨城県庁舎と似ているが、旧・加古川町公会堂でふれた完全に幾何学的なアール・デコにより近づいており、とりわけ外観の柱形の頂部の造形はそうである(図2-25)。同じ類の造形が門柱にも見られる(図2-26)。しかし、内部には少しだけだが、まだクラシック風の造形要素も残されている。厳めしさを少し意識したか。各部屋のドアの欄間の鉄細工も、旧・茨城県庁舎以上にたくさん見られ、クラシックに近いものからモダンなアール・デコまであって、実に多様で楽しい(図2-27)。ついでながら、内部の柱の柱頭飾りの輪郭が非常に鋭いので、よく見ると木製のものに着色していることがわかった(図2-28)。旧・国立生糸検査所は、隣接する旧・神戸市立生糸検査所(一九二七(昭和2)年、設計は清水栄二を中心とした神戸市営繕)と共に、現在はデザイン・クリエイティブセンター神戸として用いられている。置塩章をゴシックを好んだ建築家とする説は、この建物に基づくものであろうが、この建物すら、柱形の断面が三角形になっていることを除けば、少しもゴシック的ではない。しかもその柱形は一階ではなく二階から立ち上がっており、上部は水平のコーニスで終わるからゴシック的な垂直性そのものではない。そうしたゴシック的な垂直性の表現は、旧・神戸市立生糸検査所のほうが強い。それに旧・神戸市立生糸検査所の主入口は尖りアーチであるが、旧・国立生糸検査所のほうは水平の楣である。塔屋の頂部のデザインも、宮崎県庁舎と同類のものと見なされる。総じて、置塩章とゴシックは、現存建物に関してはほとんど関係がないと言える。

それから、三田学園記念図書館(図2-29)。これは、三田市の三田学園中学・高校の創立二十五周年記念図書館で、いまも昔も図書館。書庫は鉄筋コンクリート造のようだが、主屋は木造。閲覧室は和風の格天井で、印象的。その天井の中心飾りは、まぎれもなくアール・デコ(図2-30)。

その他、現存しないが日本赤十字社の静岡支部病院、兵庫支部姫路病院、岡山支部病院などたくさんの仕事をなしとげて、一九六八(昭和43)年十月に没、享年八十七であった。置塩章は、早くからアール・デコ的な造形感覚をもっていたが、一九二〇年末から独自のアール・デコに到達している。その一つの到達点が、旧・加古川町公会堂であった。

図2-1　**旧・大阪砲兵工廠化学分析場**　鉄筋コンクリート造に煉瓦張りだと思われる。キーストーンなど古い造形的細部を残す。

図2-2　**旧・尼崎警察署**　かなり大規模な警察署。クラシックな造形を捨ててシンプルで簡略したものになっている。

図2-3　**芦屋警察署　外観**　現役の明るく楽しげな警察署。造形的な見どころは中央部分に集中して見られる。

図2-4　**芦屋警察署　外観細部**　半地下の明り取り用と思われる窓上部の装飾。幾何学的なアール・デコ。

図2-5　**芦屋警察署　外観細部**　玄関ポーチのアーチのキーストーンに相当するふくろうの彫像。ユーモラスな感じ。

図2-6　**芦屋警察署　入り口ドア**　華やかなイメージのドア。残念ながら、このドアは実際には使われていない模様。

図2-7　**神戸市立海外移住と文化の交流センター　外観**　繰形のない窓の上下の水平材（窓楣と窓台）が印象的だが、玄関廻りにも独特の造形的細部が見られる。

図2-8　神戸市立海外移住と文化の交流センター　玄関細部
玄関左右の円柱と照明器具。柱頭に幾何学的な装飾はあるが、その上下および中間の水平材は繰形がない。

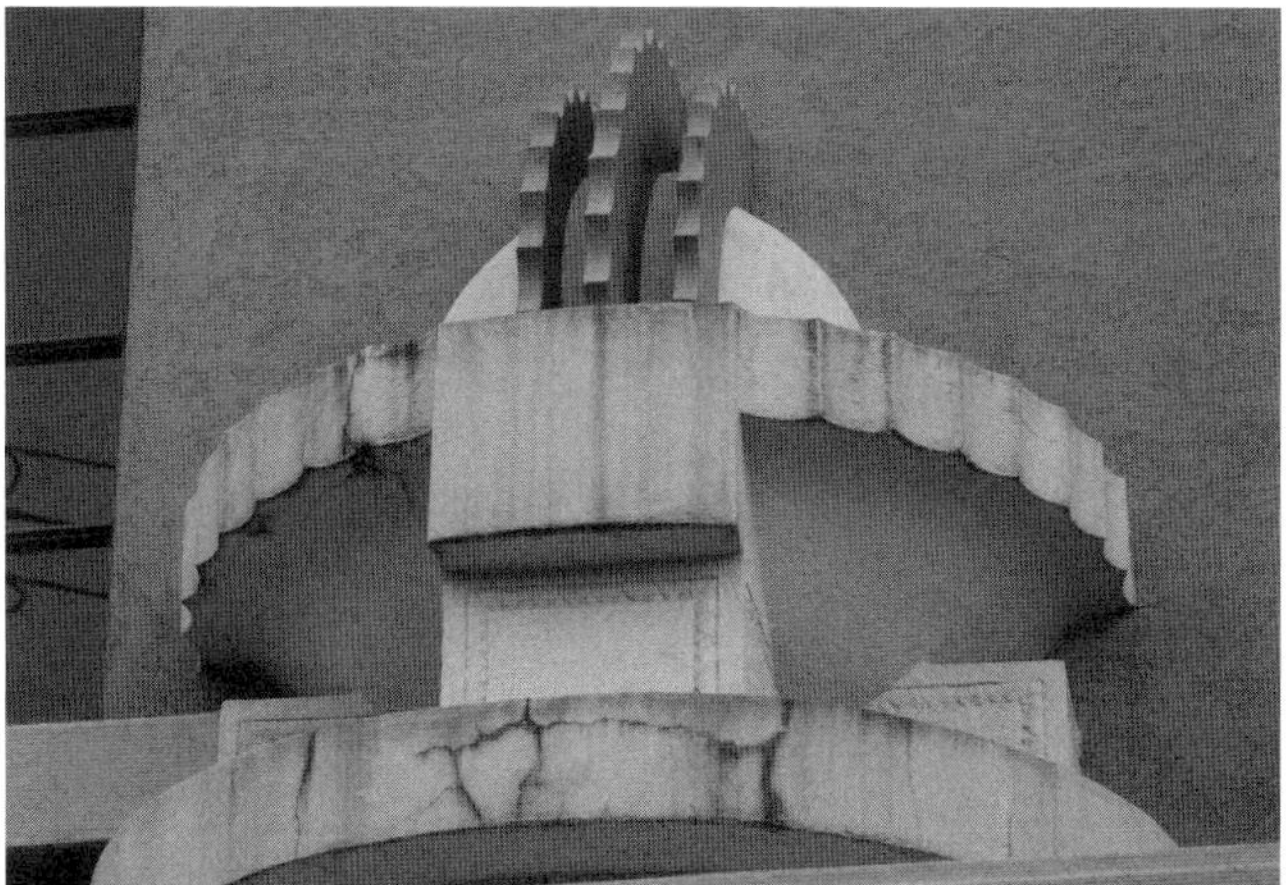

図2-9　神戸市立海外移住と文化の交流センター　玄関細部　玄関の庇上の独特な壷状装飾。凹面の連続模様が多用されている。

図2-10　**神戸韓国領事館　外観**　窓間壁の少し変わった形の柱形が、独特の雰囲気を醸し出す。

図2-11　神戸韓国領事館　玄関入り口
入り口廻りにも庇の持送りにもかなり濃密な装飾が見られるが、いずれも幾何学的なもの。

図2-12　神戸韓国領事館　外観細部　柱形の柱頭部とコーニス。その造形にはインド的なものもあるかもしれない。

図2-13　**旧・鳥取県立鳥取図書館　外観**　塔屋を戴く隅の部分が最も印象的。復元ではあるが、地域のシンボルとなっている。

図2-14　**旧・鳥取県立鳥取図書館　使用部材**　室内に展示されている鉄細工のオリジナル部材。

図2-15　**旧・鳥取県立鳥取図書館　玄関**　昔風の装飾的細部はあるが、全体的にフラットで幾何学的。庇の側面の凹面も幾何学的。

図2-16　旧・鳥取県立鳥取図書館　内部の柱の柱頭　コリント式の蔓状装飾（ヴォリュート）を単純化したものか。

図2-17　旧・鳥取県立鳥取図書館　天井の照明器具　オリジナルではないであろうが、文句なしにアール・デコ風。

図2-18　**加古川図書館　外観**　もとは公会堂であっただけに、モニュメンタルな姿をしている。

図2-19　**加古川図書館　外観塔屋部分**　随所につけられた折り紙細工のような幾何学的装飾が魅力的。

図2-20　**加古川図書館　外観細部**　庇の側面の装飾。三角と矩形の組み合わせ。

図2-21　**加古川図書館　内部詳細**　梁下端の持送りと柱頭の装飾。柱頭の装飾も折り紙細工的。

図2-22　茨城県庁三の丸庁舎　外観　玄関中央部の造形を塔屋にも繰り返した印象。

図2-23　**茨城県庁三の丸庁舎　裏正面外観**　玄関コーニスの下端に、三角の連続による幾何学的で典型的なアール・デコの装飾が見られる。

図2-24　**茨城県庁三の丸庁舎　内部詳細**　部屋の扉上部の欄間窓の装飾。

図2-25　**宮崎県庁舎　外観**　茨城県庁舎よりもややデコラティヴ。柱形もあり、全体的に凹凸感がある。

図2-26　**宮崎県庁舎　門柱**　頂部に立体幾何学的な装飾が見られる。同様な造形が、県庁舎の柱形の頂部にも見られる。

図2-27　**宮崎県庁舎　内部詳細**　部屋の扉上部の欄間窓の装飾。

図2-28　**宮崎県庁舎　内部詳細**　柱頭の装飾。これは木製のせいか、エッジが鋭い。

図2-29　**三田学園記念図書館　外観**　左側の3階建てが鉄筋コンクリート造の書庫。右側の平家は木造。

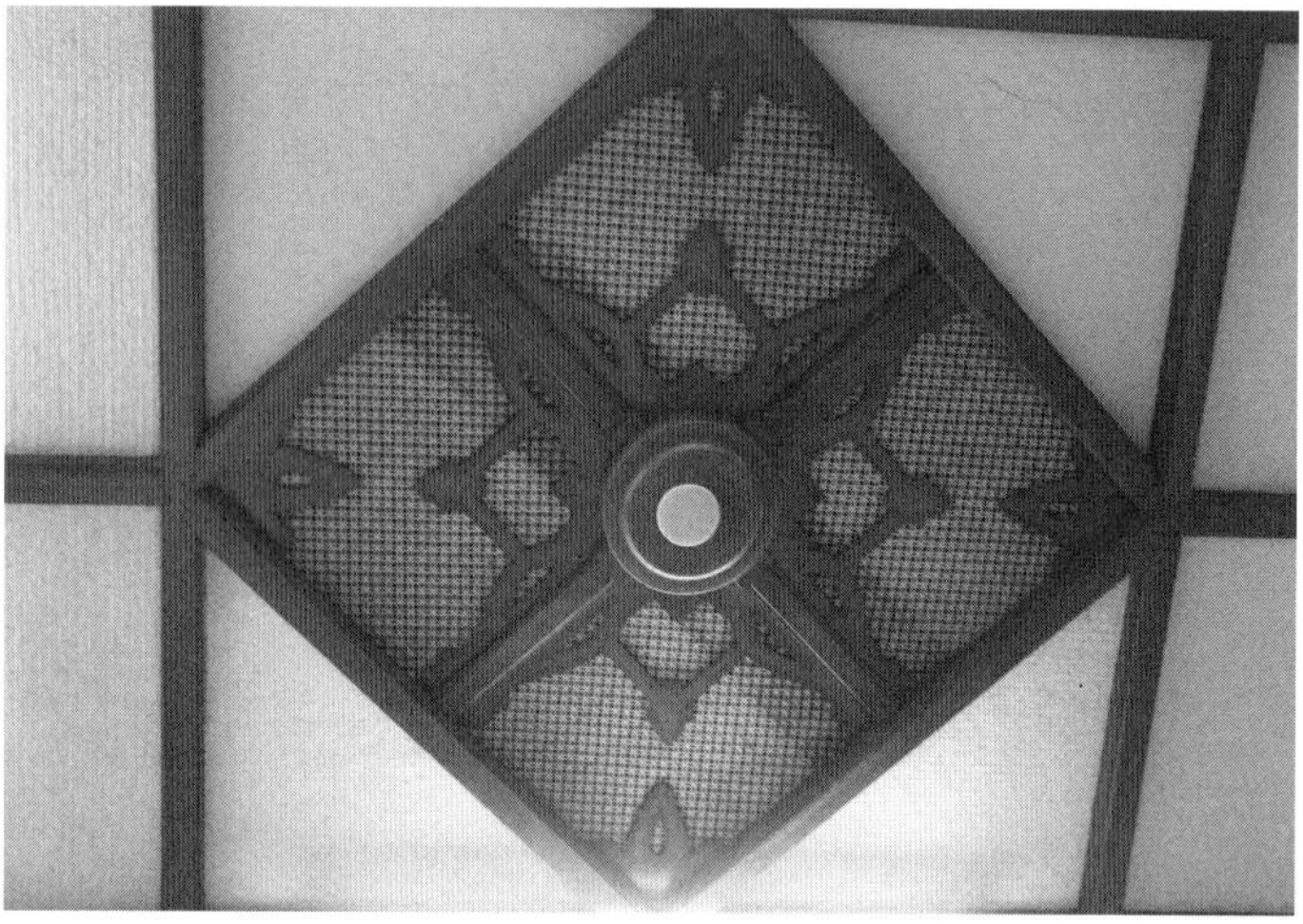

図2-30　**三田学園記念図書館　内部詳細**　閲覧室の格天井の中心飾り。

金重業と横浜高等工業の痕跡

金重業《キム・ジュンオプ》（김중업　Kim Chung Up　一九二二〜一九八八）は、金壽根《キム・スグン》とならび韓国近代の建築家を代表する人である。アール・デコとはなんら関わりのない世代であり、後述のようにル・コルビュジエの事務所で四年間働き、彼からの影響が強いが、若い時にアール・デコの建築家たちから教育を受けており、その痕跡を探ってみたわけである。

金重業は一九二二年三月九日に平壌に生まれ、平壌中学校を卒業。父親は有力な官僚であったとされる。その後、横浜高等工業建築学科に入り、一九四一年十二月に卒業（戦時中のこの頃は、学徒動員のために卒業期間が何度か短縮されて年二回の卒業があった）。卒業後、三年間、松田平田設計事務所に勤務。つまり金重業は、学校で中村順平に教えられ、その後、名古屋高等工業で鈴木禎次に教わった松田軍平にも教わったことになる。また、松田平田設計事務所には、横浜高等工業を出た坂本俊男もいた。

一九四七年からはソウル大学校工科大学の助教授となり、一九五二年九月にヴェネチアで開

かれたユネスコの国際芸術家会議に出席。そこでル・コルビュジエと出会って、それ以降四年間、ル・コルビュジエの下で学び、一九五六年に帰国後は弘益大学教授になるとともに、金重業合同建築研究所という自らの事務所を開き、設計活動を開始。以下、現存しているものだけを上げるが、建国大学本館（一九五六年、現・建国大学言語教育院）、釜山大学本館（一九五六年、現・釜山大学人文館）、柳柳製薬（유유제약）安養工場（一九五九年、現在は金重業博物館などに使われている）などの仕事を残す。これらは、いずれもル・コルビュジエ風といってい い作品である。そして、彼の名をより高らしめることになったのが、ソウルのフランス大使館（一九六〇年）である。これは、彼とフランス人建築家七名による指名コンペの勝利によるもので、これもまたル・コルビュジエの強い影響下に設計されたものであった。

その後も次々と作品を残している。これも現存の作品のみで記すが、釜山の国連墓地の礼拝堂（一九六三年）と正門（一九六六年）、済州大学本館（一九六四年）、旧・蘇産婦人科医院（一九六六年、現在はariumというデザイン会社の建物として使われている）などである。これら一九六〇年代の作品は、ル・コルビュジエ風から脱して独自の造形を目指そうとしたように見える。その方法が、国連墓地の正門（図3-1・2・3）における韓国の伝統的な意匠の加味、済州大学本館におけるアーチという古典的なモチーフの使用（あまり成功しているとは見えない）（図3-4）、そして旧・蘇産婦人科医院の彫塑的・有機的、あるいは縄文的ともいうべき造形である（図3－5）。これらの後に、ソウル最初の超高層オフィスビルとして名高い三一ビル（一九六九年、三一独立運動に因む三一大路に面しており、31階建てでもある故にこの名がある）が生まれる。これは、半ばはミース風、いくらかはコルビュジエ風といったものであるが、最初期の高層ビルのデザインとしては非常に完成されたものである。

成功した建築家の道を歩んでいた金重業であるが、一九七一年から七七年まで国外退去の憂き目にあう。当時、朴正熙大統領の政権下にあった韓国は、ソウルの大規模な公共住宅建設や都市改革を行おうとしていた。当時のソウル市長、金玄玉も軍人出身で、「ブルドーザー」の異名をもつ強引な改造推進者であった。当然、ずさんな工事もあったであろうし、丸投げの下請け工事もいくつかあったであろう。その結果、臥牛アパート崩壊事件と、広州大団地事件という暴動騒動が起き、ソウル市長は辞任したが、それらを激しく非難し、あわせて時の政権の都市・建設政策を批判した金重業は、筆舌禍によって国外退去を受けるはめになったという。軍事政権下とはいえ、いや軍事政権下だからこそと言うべきか、評論家や詩人ならいざしらず、時の権力に抗して国外退去を命じられる建築家というのは珍しい。金重業は、その前の一九六七年に、ライヴァルの金壽根が国立扶余博物館を設計した際にも、その造形の出自の非韓国性あるいは日本性（金壽根は東京芸大と東大大学院で学んでいる）をめぐる論争にも加わって金壽根を批判していたらしい。要するに、影響力の大きい直言居士の論客であったということであろう。国外退去の期間は、フランスやアメリカで教えたりしていたらしい。再帰国後は、ソウルのオリンピック公園の世界平和の門（一九八八年）（図3－6）などを設計した後、一九八八年五月十一日に逝去、享年六十六であった。

さて、その金重業の残した仕事に見られるアール・デコであるが、それは主として一九五〇年代の作品に見られる。まず、建国大学言語教育院の建物（図3－7）。この建物には、梁下端部や天井灯の中心飾りなどに繰形があり、腰壁の一部には植物文様のレリーフも見られた（図3－8）。また、玄関ポーチの円柱にも簡略化したものではあるが、柱頭装飾らしきものもある（図3－9）。あるいはまた、窓の面格子の鉄細工にも、卍格子とも亜字格子とも見られるが、アール・デコ的な造形が見られる（図3－10）。同様なものが、各部屋の欄間窓の鉄細工にも見られる（図3－11）。この建物は、全体としては軽快でモダンでありながらも、金重業の現存作品の中では、その細部にクラシックやアール・デコの要素をわずかに残した彼のルーツを示す作品といえる。

釜山大学人文館にも、それは見られる（図3－12）。同様に卍格子もしくは亜字格子のようなアール・デコ的な窓の面格子が見られるし、窓のサッシの割り付けそのものがそうである（図3－13・14）。あるいはまた、大小様々な形のガラスをはめ込んだ凹面のスクリーンの壁の窓割りのパターンもそうである。この形式の窓格子や扉の鉄細工は、国連墓地の正門（図3－3）にも受け継がれているのである。

そして、現在、その一部が金重業博物館となっている旧・柳柳製薬安養工場の守衛室(図3-15)。この小さな円筒形の施設は、フランスの一九三〇年代のモダンな、つまりはシンプルなアール・デコの建築の面影を宿しており、金重業の辿ってきた経歴と出自を示していてはなはだ興味深い。

金重業は、建築が単なる機能の表現の結果であるとは、決して考えなかったにちがいない。建築の造形の自立性を認めていたであろうし、時には建築はシンボリックな意味や、風土と伝統に由来する情熱的なメッセージを表現すべきものだと考えていたに違いない。そして、そうした根本的な感覚を植え付けられたのが、おそらくは横浜高等工業における教育だった、というのがこの章の主張である。なぜなら、カリスマ教師中村順平もまた、風土と伝統から生ずるシンボリックな造形の信奉者だったからである。

図3-1　国連墓地正門　外観　歴史的なイメージをつくりあげているが、個々の構成要素は独自のもの。

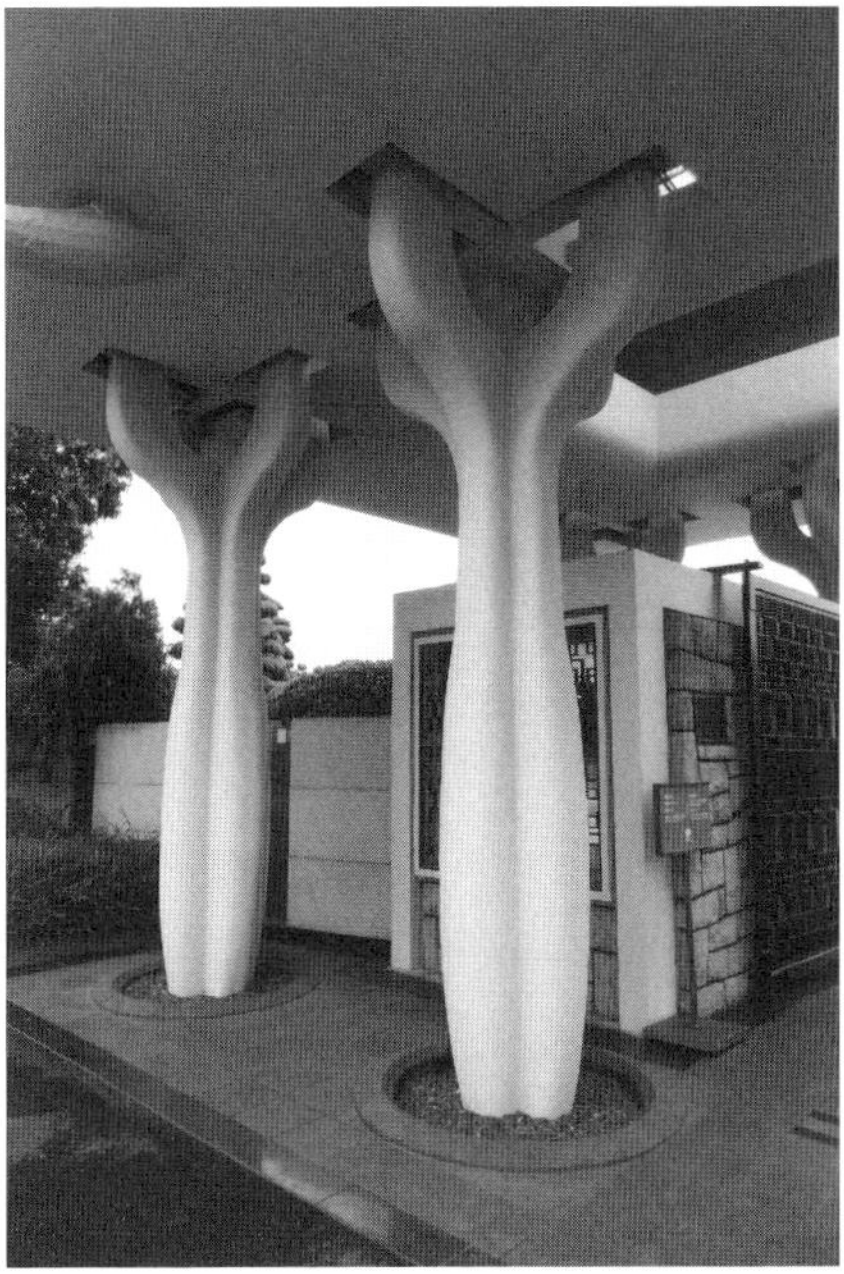

図3-2　**国連墓地正門　外観細部**　上部で四つに分かれる柱は有機的な形をしており、樋の形はル・コルビュジエ風。

図3-3　**国連墓地正門　外観細部**　窓の面格子。伝統的な亜字文様風でもあり、アール・デコ的でもある。

図3-4　**済州大学本館　外観**　3階テラスの外側につけられたアーチ列が特徴と言えば特徴。

図3-5　**旧・蘇産婦人科医院　外観**　有機的・生物的な形をしている。ル・コルビュジエの後期の作品の影響か。

図3-6　**オリンピック公園　世界平和の門**　左右の庇の下部が巨大な凸面になっている。

図3-7　**建国大学言語教育院　外観**　これは、正しくル・コルビュジエ風。正面全体が迎え入れるように凹面になっている。

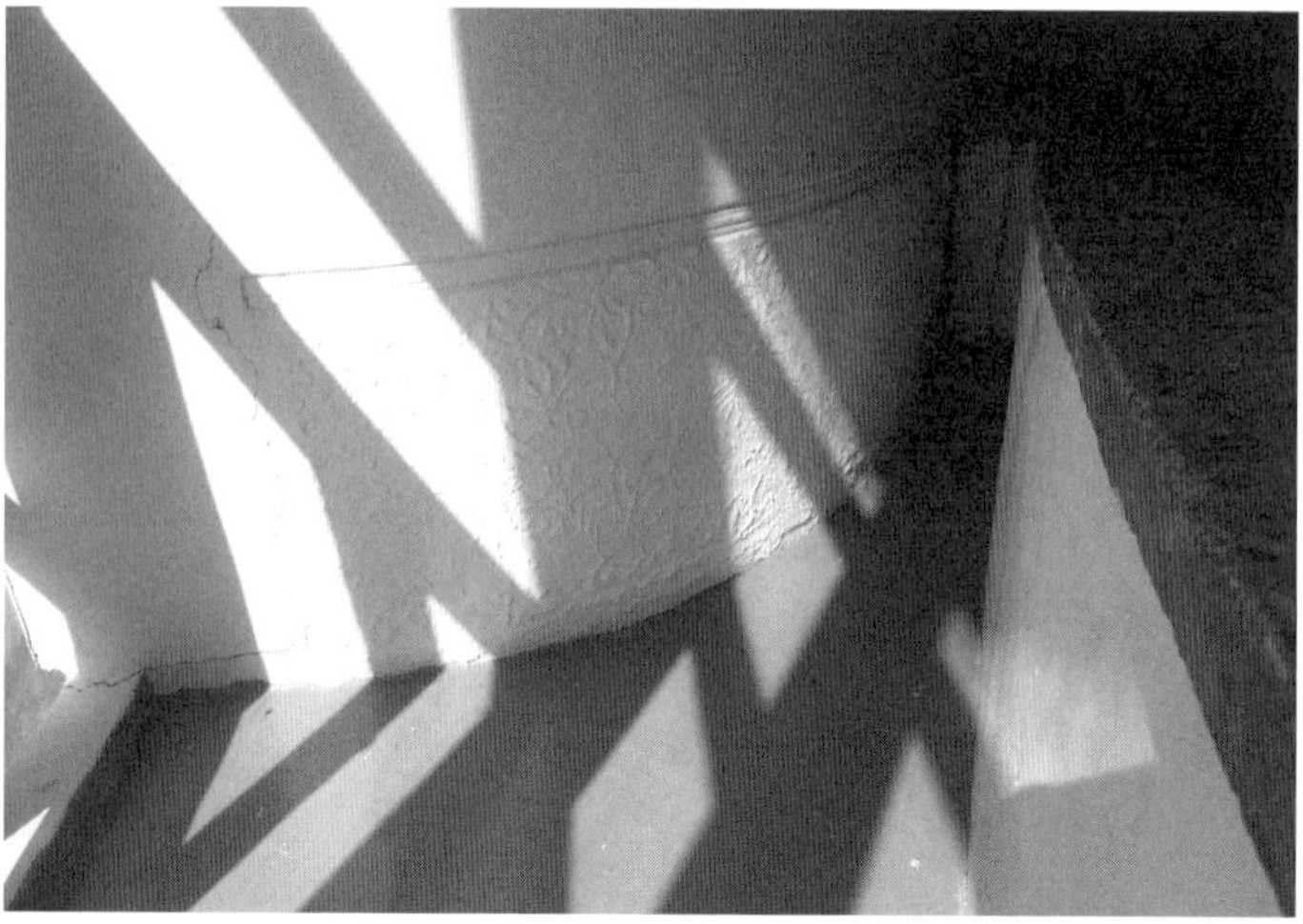

図3-8　**建国大学言語教育院　内部詳細**　腰壁部分に施された植物文様風のレリーフ。

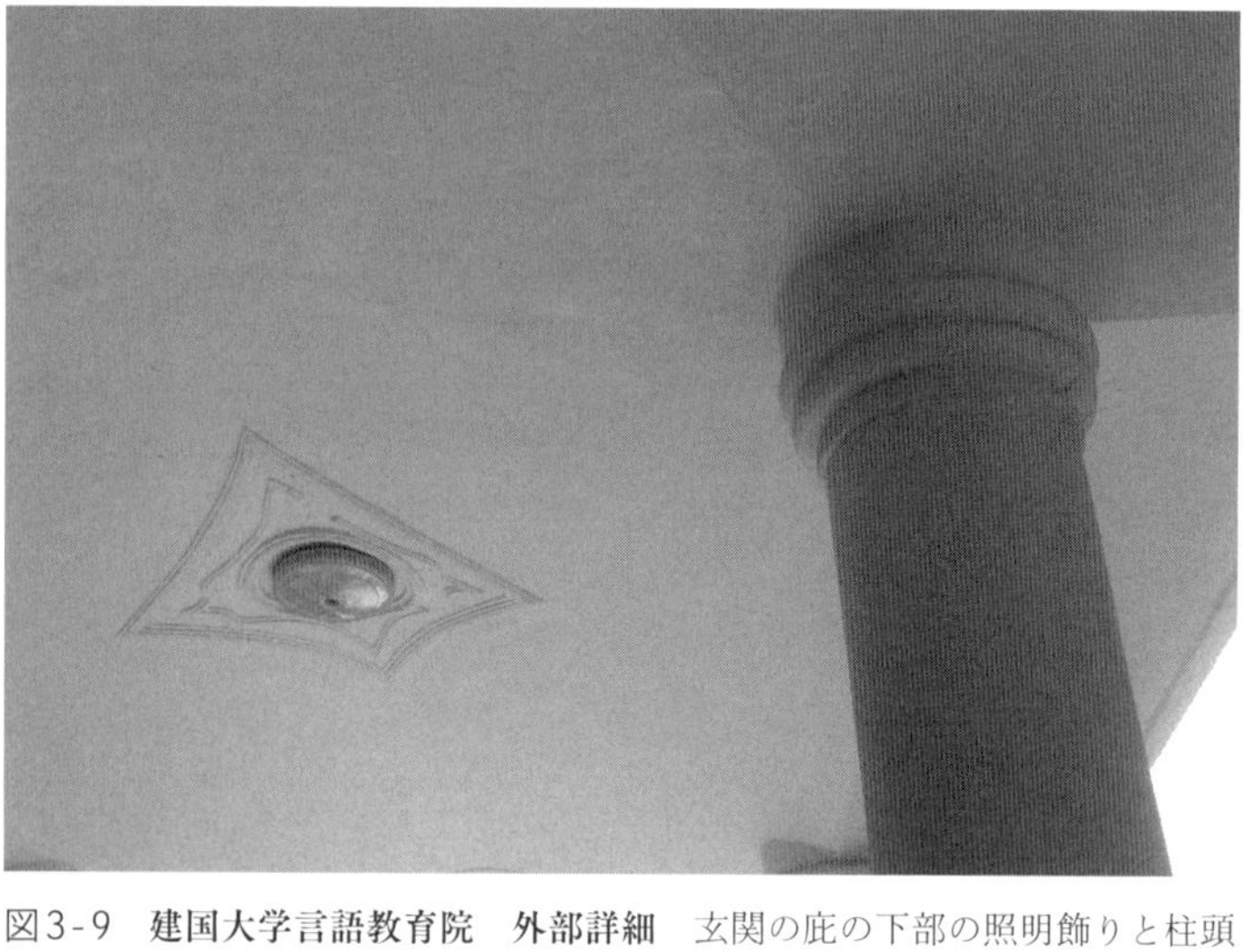

図3-9　**建国大学言語教育院　外部詳細**　玄関の庇の下部の照明飾りと柱頭のリング状の装飾。

図3-10　**建国大学言語教育院　外観細部**　窓の面格子。卍風でもあり亜字風でもあり、アール・デコ風でもある。

図3-11　**建国大学言語教育院　内部詳細**　欄間にとりつけられたグリル。やはり亜字格子もしくは卍格子風。

図3-12　**釜山大学人文館　外観**　大きく凸面を描くガラス壁。

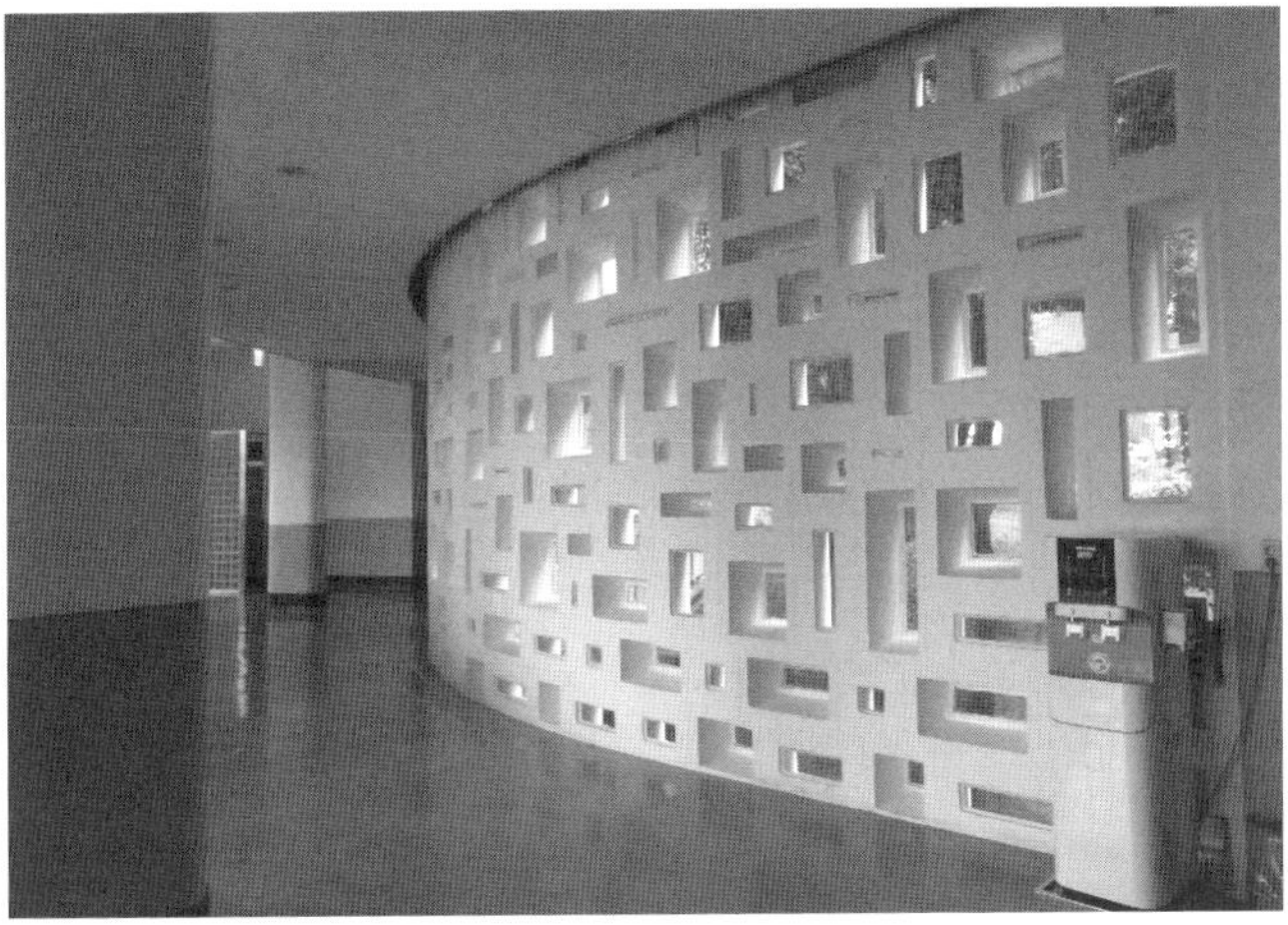

図3-13　**釜山大学人文館　内部詳細**　凹面の窓スクリーンの形は、やはり亜字格子もしくは卍格子風。

図3-14　**釜山大学人文館　内部詳細**　窓のサッシ。アール・デコと見ることもできる。

図3-15　**金重業博物館　入り口外観**　1930年代の建物によく似ている。これはまさしく、アール・デコ。

アール・デコの普及に果たした洪洋社の役割

洪洋社は、大正期から昭和戦前期まで建築専門の書籍の出版活動を活発に行っていた東京の出版社である。その活動の成果は、一九一二(明治45)年から一九四三(昭和18)年のおよそ三十年間における千点を超える出版物として現われた。とりわけ、一九二〇年代に最も多くの刊行物を出している。社主は高梨由太郎(一八八二〜一九三八)で、彼自身は専門的な建築教育を受けていないが、編集はほとんど彼一人で行っていたとされる。もっとも、時に応じて早稲田大学の教師陣にアドヴァイスを受けていたという。『建築新潮』(その前身の『新住宅』を改題したもの)などの雑誌も刊行しているが、出版物の中心は、プレート図集の発行であった。つまり、片面だけに写真もしくは図版を印刷(コロタイプ印刷とされる)した厚紙のプレートを綴じずに、数十枚のプレートを紙袋に入れたり、帙に挟み込んだだけのもので、解説などはほとんどない。プレートはバラバラにできるから、設計の際にすぐそばにおいて参考にできるということであろう。いわば、図案集、ひながた図集、造形モデル集で、理屈抜きに受けいれられるそのサンプルの選択だけが勝負であった。そのサンプルは、その時期に斬新でモダンと感じられたであろうもので、国内外から区別なくとられている（図4-1）。外国のものは、その出典もほとんど記されていない。容易には外国の雑誌や文献に接することが難しい人々の要求に応えたのであろう。もちろん、日本にも同時代に建築の雑誌や書籍はいくつかあったとはいえ、図版の多さ、つまりは視覚情報の多さでは洪洋社は群を抜いていたものと思われる。

そうしたプレート図集の中で、一九一五（大正4）年から一九四三（昭和18）年まで最も長期間にわたって最も多くのシリーズを出したのが『建築写真類聚』で、これを月刊で刊行し、予約購読者に送付したという。「写真類聚」となっているが、図版も含まれている。1期を2年間とし、各期24輯で、11期まで出し続け、さらに別巻まで出し、出版されたものは結局トータルで266輯に及ぶとされている（川島勝・大川三雄・矢代眞己・田所辰之助「洪洋社の建築出版活動の概要とその特質について」日本建築学会計画系論文集、2016年3月）。各集、50枚のプレートがあるとして、全部で13000枚もの図版を出したことになる（そのうちの805点を再編集したのが、藤森照信・藤岡洋保・初田亨『写真集　失われた帝都東京』柏書房、1990）。一枚のプレートの版型は、各期によって少し違うようであるが、手元のコピーしたもので計るとおよそ12・5㎝×18・5㎝。つまり四六版である。このシリーズを出していた同じ頃に、『セセッション図案集』とか『近世建築』シリーズ（この「近世」は「近・現代」の意味で、同じ図集が編集し直されて『The modern architecture』というプレート集になっているという）とかいうタイトルのシリーズも出していて、おそらく同じ写真や図版を『建築写真類聚』でも出したものと思われる。

もちろん昔から、建築のディテールの見本集は使われていた。それが建築雛形図集であり、西洋建築細部装飾図集とか日本建築細部図集とかの名で出されていたものである。しかし、一九一〇年ころから新しい造形を求める欲求が建築界で強くなってきており、新鮮な造形の見本をみな求めていた。そうした需要に、洪洋社はたくみに応えたのであろう。『建築新潮』の一九二五（大正14）年二月号の洪洋社の宣伝文に、「自国以外の建築物を図版に依り複製紹介する事業は、各国共に行はれて居りましたが、輓近新建築運動の波紋が描く敏感なる現象は、更に其必要を増大するに至りました。もだし難き時代の要求です」（菊池重郎「月刊図集『近世建築』（一）」『明治村通信』1981年4月）とある通りである。その材料は、「容易に得難き貴重の書物より選択複載し」たり、「外国の書籍雑誌等から、そこはかとなく選び出したものを、幾分は統一して見たもの」（『建築写真類聚』第6期第24輯、1929年7月）で、外国の文献の著作権などまったく問題にされない呑気で安易な時代であった。また、この『建築写真類聚』の宣伝文句に「技術者と造家主の開鍵」とか「専門家の友　学生の母　素人への水先案内」（前掲『写真集　失われた帝都東京』の藤岡洋保著の「はしがき」）とあるから、建築従事者のみならず、建築学生、そして一般の人をも購入対象者として考えていたことがわかる。実際、『建築写真類聚』の第5期の第6輯(1925年8月)と第7輯(1925年9月)はともに「店頭装飾」とタイトルが打たれており、それは店頭装飾というテーマで公募した応募者の図案で構成されていた(図4-2・3)。あるいはまた、第4期の巻1(1924年11月)にも「レストランとカフェー」の応募案が掲載されている(図4-4・5)。つまり、洪洋社は時に紙上コンペを実施し、一等から佳作までの優秀案をプレートにして配布していたのである。そこに見られるのは、まさにアール・デコのデザインであり、応募者は大学や専門学校や工業学校の学生とか、若い建築関係者である。

入選者の中には、たまに日本建築学会の准員(正員ではない)の人もいたが、多くは学会とは縁もゆかりもない人である。あるいはまた、『建築写真類聚』第4期第4輯(1923年4月)のタイトルは「近代装飾意匠圖案」であるが、その最初の頁には、「今我邦に歓迎せられつゝある近代的装飾意匠は、戦前獨墺を中心として発祥した所の最も瀟洒な形式で、其東洋味を帯びた風趣は、如何にも吾々の触覚に流れ込むやうな快感を与える。本書に収めた図案の如き、応用の範囲は極めて洪汎で、近時漸く盛んなる簡易と趣味とを目的とせる文化的住宅には、最も適応はしい軽快美を与え得るであらう」とあり、アール・デコを含むモダンな造形が「東洋味を帯び」ていて、日本人の「触覚に流れ込むやうな快感」を与えるという、興味深い指摘が見られる。

こうしたことを考えると、アール・デコが隅々にまでいきわたっていること、それを媒介する働きをした洪洋社の働きがよくわかるのである。ちなみに、洪洋社は一九二五年のアール・デコ博の写真・図版を『巴里・萬國工藝美術博覽會』というタイトルで、先述の『近世建築』シリーズの一九二五(大正14)年八月から十二月にかけて5輯に分けて出版している。出典を記していないが、おそらく公式カタログから適宜取り出したのであろう。各輯は20枚ほどのプレートからなるが、アール・デコ博の開幕が四月三十日で閉幕が十月十五日であることを考えれば、日本の読者は開幕中にその内容の一端を知り得たわけであり、洪洋社の迅速な対応が目を引く。

ところで『建築写真類聚』の各輯のタイトルであるが、先に「店頭装飾」をあげたように、建物の全体の外観のみならず、かなり細かな部分に関するものが多い。玄関、門、階段、天井、洋風窓、暖炉、便所、浴室、台所、建具、家具、ステンドグラスなどがあり、これらは一度ならず何度も登場するのである。つまり、デザインの雰囲気とか傾向をとらえるための素材ではなく、直接それを模倣もしくは引用するための道具としてのプレートであった。また、ビルディングタイプとしては、公共建築もあることはあるが、商店建築が多く、カフェとレストランが最も多い。カフェとレストランを合わせて9回分(つまり9輯分)ある。これは、日本建築学会の機関誌『建築雑誌』が、主として公共建築や記念碑的な建築を掲載しているのに対して、著しい対照をなす。つまり、洪洋社の刊行物の読者は、主として商店建築や住宅建築に関わる人たちであったということができるであろう。

そして、この『建築写真類聚』から、一つ例をあげて、いかにアール・デコが広く浸透していたかを示そう。ここに掲げた何枚かの図案は、「店頭欄間集」と題した『建築写真類聚』第7期第12輯（1931年6月）所収の92枚から取ったものであるが、ここに掲載されているものとまったく同じだと一瞬思いこんだほど、よく似たデザインを実際の建物で見て驚いたことがある（図4-6〜15）。もちろん、そっくり同じではなかったが、こうした図案はおそらく広く行われていたのであろう。ちなみに、この輯の巻頭言によれば、この図案のうち80枚を描いたのは「更生社主渡辺安次郎」らしいが、渡辺は同年同月に大倉書店から『近代欄間百種』という本を出しており、著作権からするとややこしいことになるのではないかと思われる。また、その巻頭言には、「無装飾主義の形式が、近来の建築主調となったことは、一般に見て誤りないことである。だが人間の本能がそれほど装飾を無視するまでに變質したとは思へない。寧ろ流行の性質を帯びた、でも比較的根柢の深い時代的變化と見ることが出来やう。併し大衆の注目を指標とする商店建築の如きは、一概にさうした思想の中でのみ押し量ることは出来ない。店頭欄間——此の部分こそは或る場合に於て、装飾意匠の唯一の殿堂である」とあり、当時の一般の風潮をうまく指摘している。

建築の新しい動きは、外国の書籍や雑誌で最も早く知り得るが、外国の文献を見得る人は限られていた。それに船便の時代であるから、出版と同時に書籍や雑誌を見ることができたわけではなかった。そうした状況下で、洪洋社は最新の情報を速やかに一般の人々にとどけたのである。その迅速さは開幕から三カ月後にアール・デコ博の写真を配布している例がよく示している。一九一八（もしくは一九一七）年出版のトニー・ガルニエの『工業都市』も、早くも一九二二（大正11）年に、その半分（住宅だけをとれば全部）を『新傾向の住宅』としてちゃっかり出版している。これは、オリジナル以外では、世界最初の『工業都市』変型判の出版である。ただし、これは図版をどこからとったかを一応書いている。モダニズムの巨匠たちの仕事も早い時期に紹介しているし、モダニストではあるがアール・デコの建築家としてもよい「マレ―・ステヴァン氏」ことロベール・マレ＝ステヴァンスの仕事もしっかりと紹介している（『建築写真類聚』第6期第24輯、1929年7月）。先述の公募の入選案から見る限り、審査員たちがそうした案を好んで選んだこともあるかもしれないが、アール・デコ的な感覚は広く深く浸透していたと思われる。そうしてまた、その土壌をつくるために、洪洋社自体が大きな働きをしたということでもある。

図4-1　**『建築写真類聚　デテール集　室内装飾(2)』(1918年)より**
写真のタイトルも同じく「デテール集　室内装飾」とあるだけで、現実の対象物がなにかは不明。大正7年の出版だから、早い時期のアール・デコで、おそらく外国の事例からとられたのであろう。

図4-2　**『建築写真類聚　店頭装飾　巻一　五期』(1925年8月)より**　「店頭装飾　一等當選　透視画　大阪　鈴木緋紗子氏案」とある。

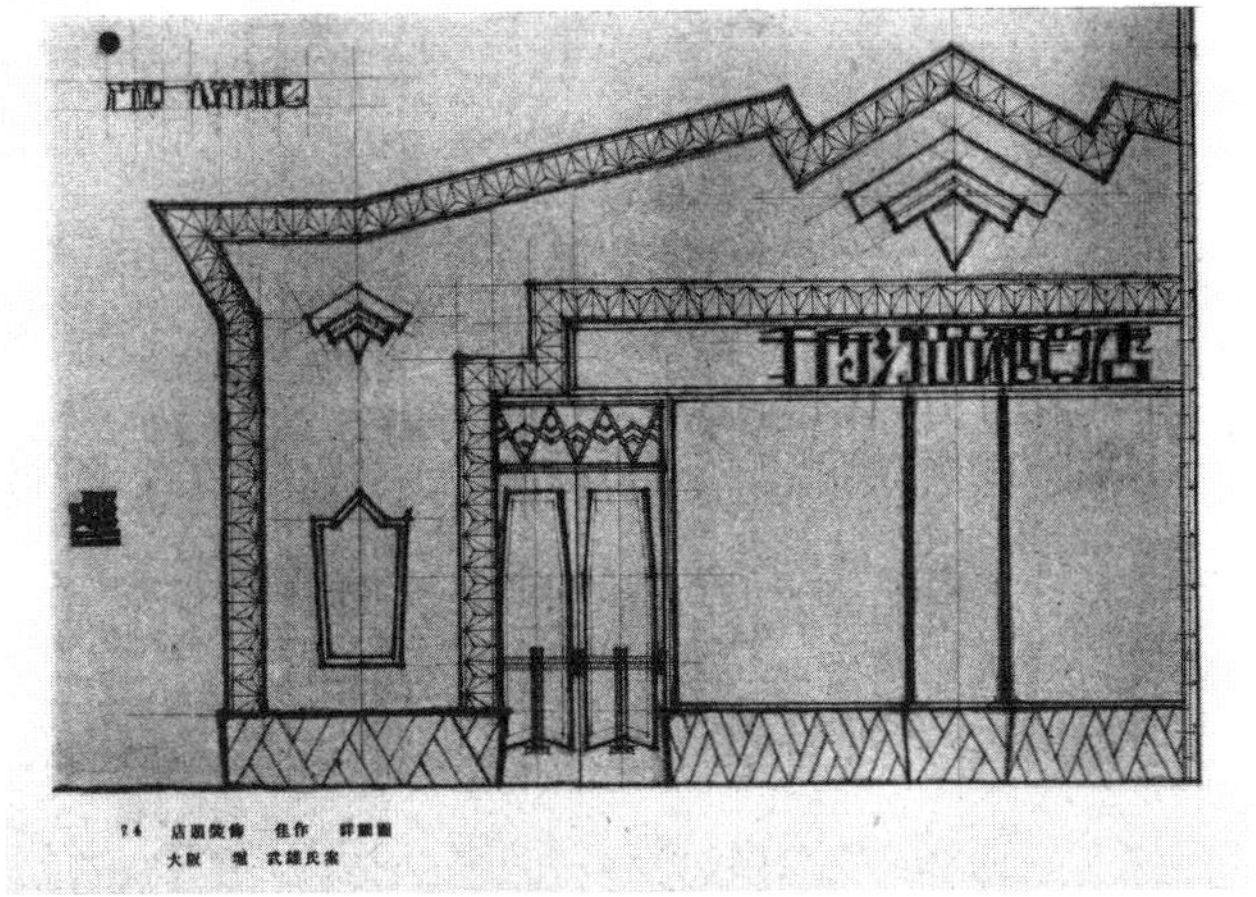

図4-3　**『建築写真類聚　店頭装飾　巻二　五期』(1925年9月)より**　「店頭装飾　佳作　詳細図　大阪　堀武雄氏案」とある。

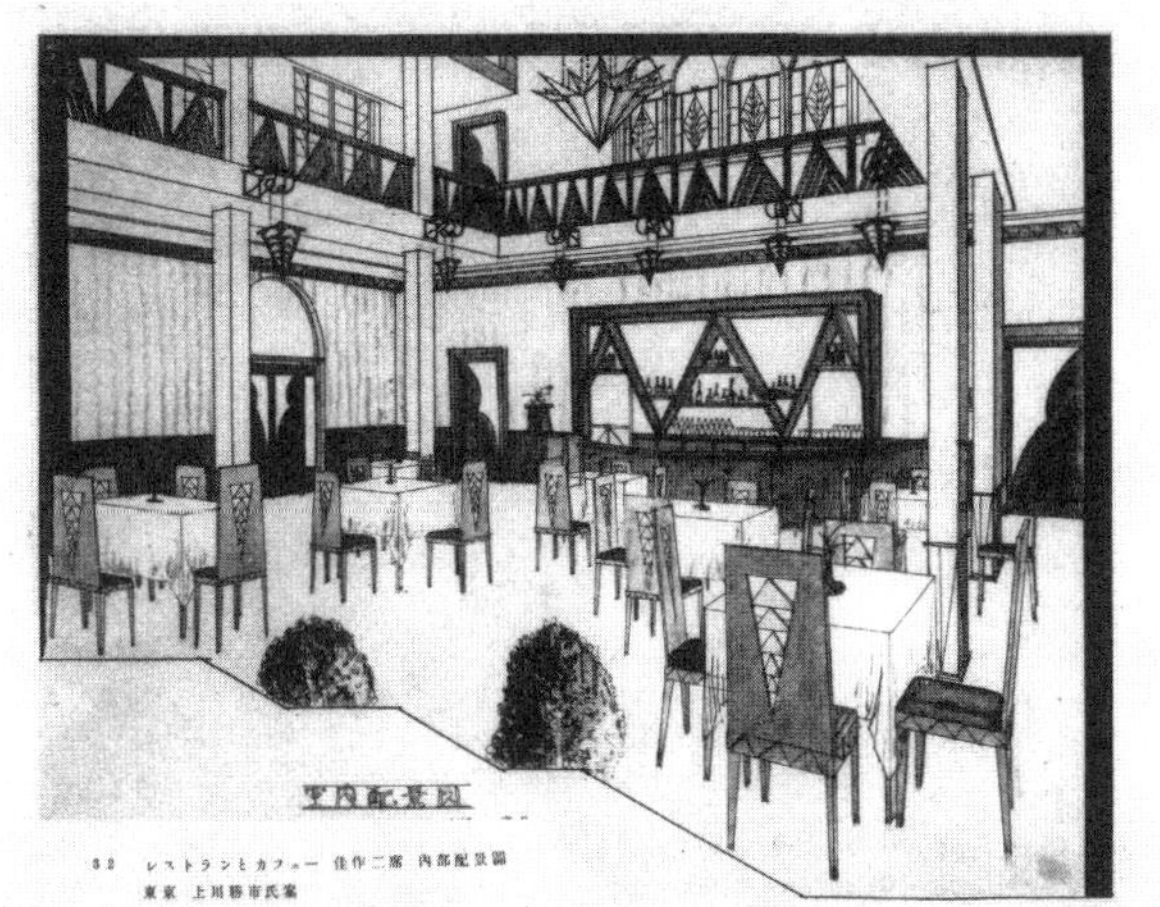

図4-4　『建築写真類聚　レストランとカフェー　巻一　四期』(1924年11月)より　「レストランとカフェー　佳作二席　内部配置図　東京　上川勝市氏案」とある。

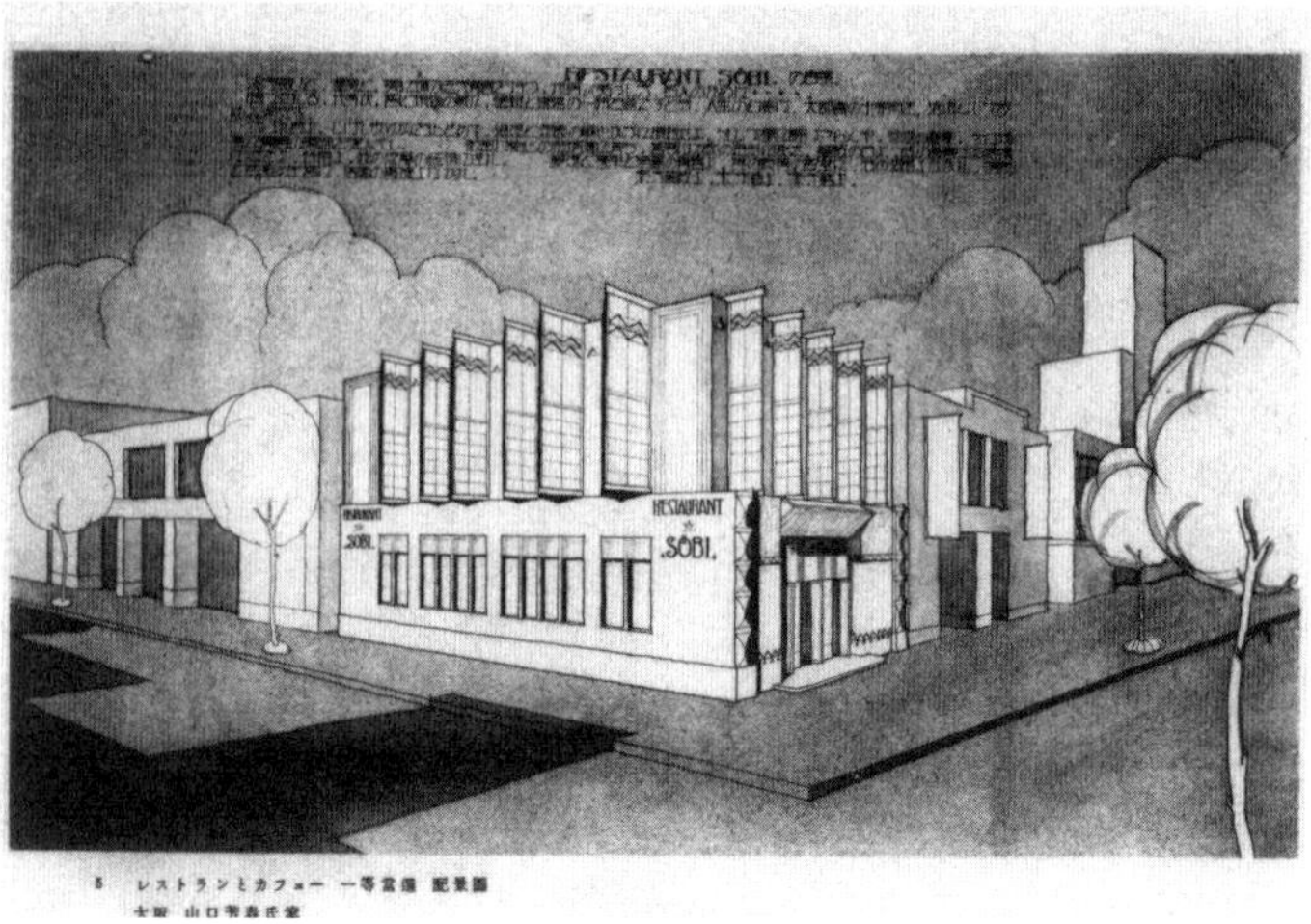

図4-5 **『建築写真類聚 レストランとカフェー 巻一 四期』(1924年11月)より** 「レストランとカフェー 一等當選 配景圖 大阪 山口芳春氏案」とある。

図4-6 **『建築写真類聚 店頭欄間集 第七期 第廿二輯』(1931年6月)より** 「PL.5」(「プレートナンバー5」の意味、以下同じ)

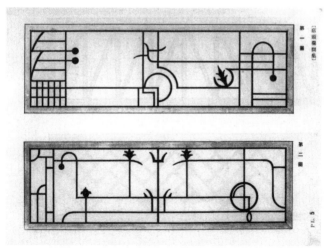

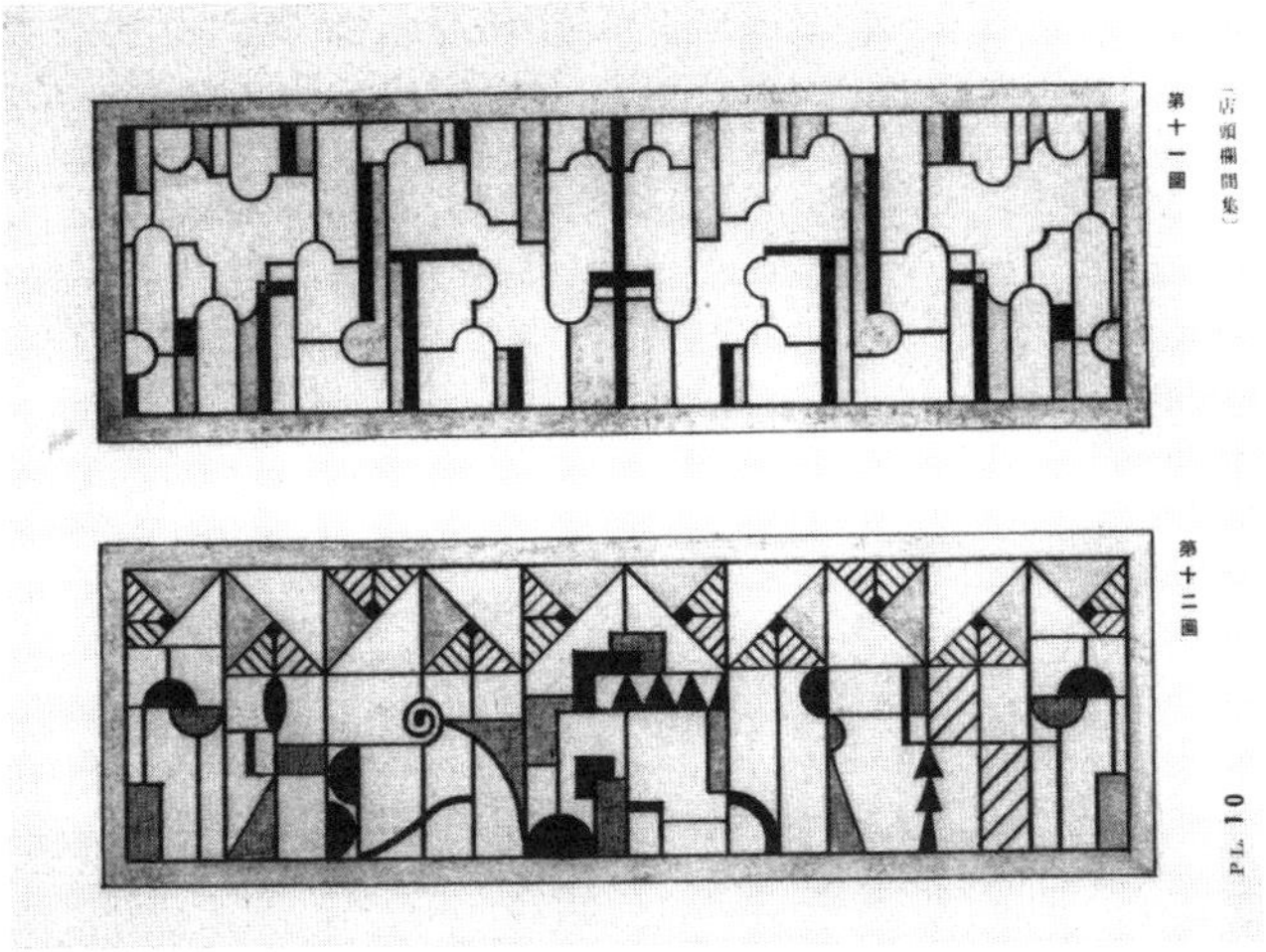

図4-7　『建築写真類聚　店頭欄間集　第七期　第廿二輯』(1931年6月）より　「PL.11」

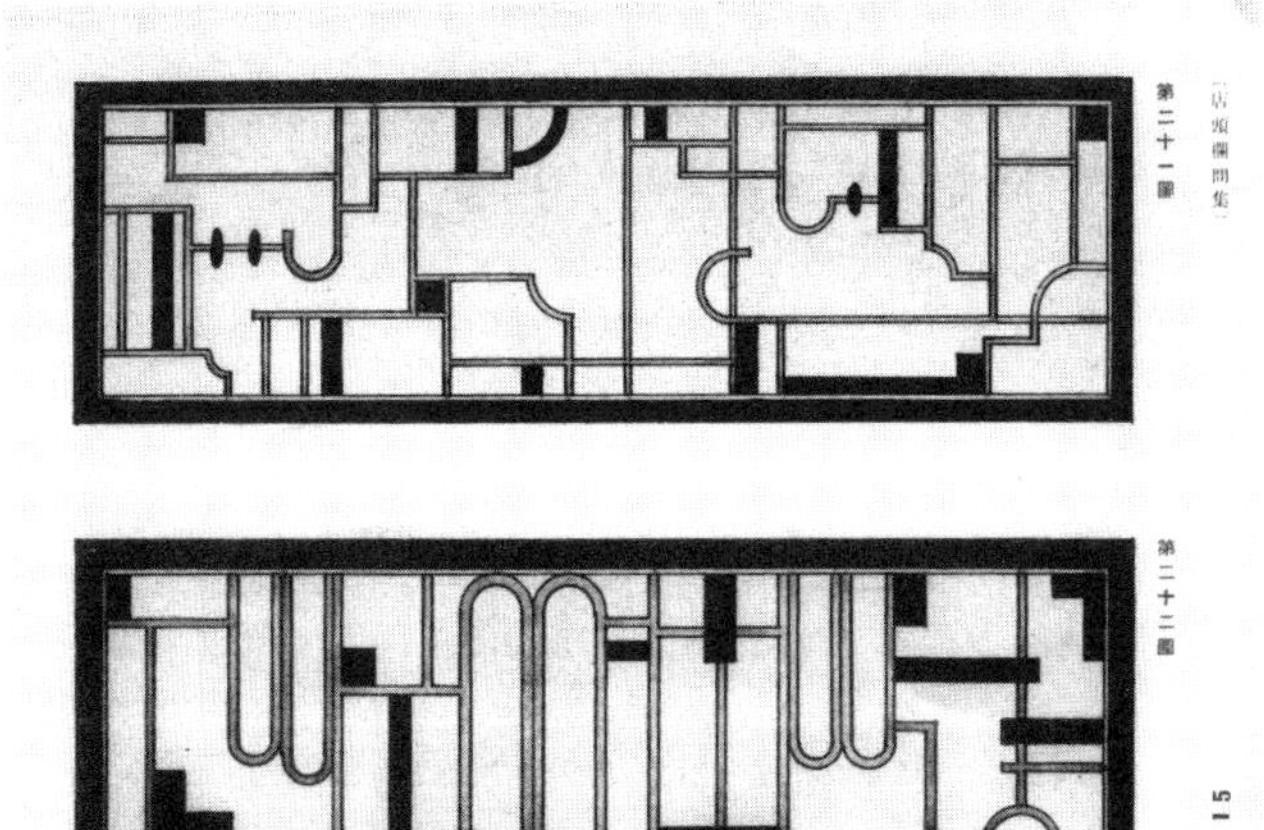

図4-8　『建築写真類聚　店頭欄間集　第七期　第廿二輯』(1931年6月）より　「PL.15」

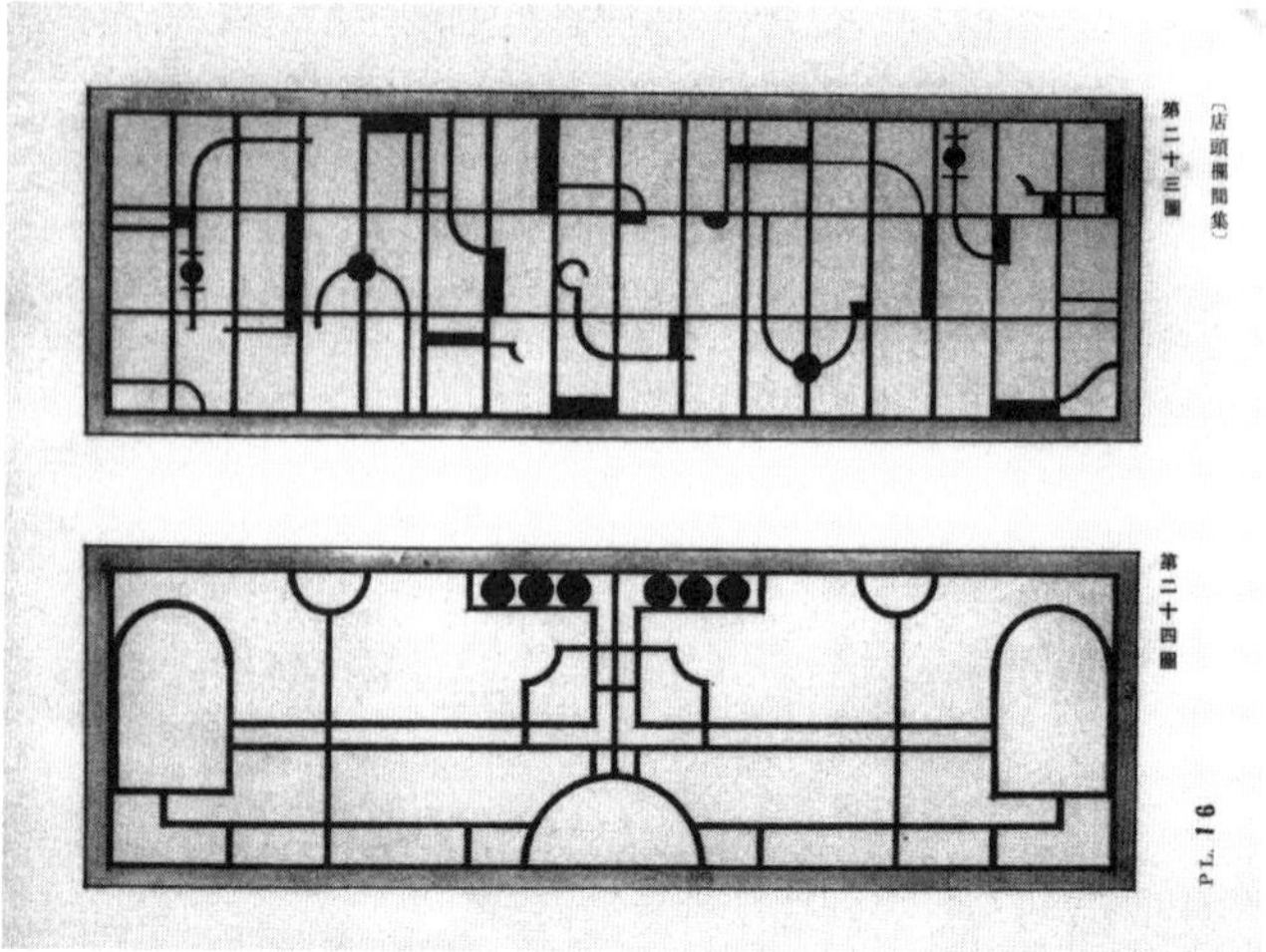

図4-9　『建築写真類聚　店頭欄間集　第七期　第廿二輯』(1931年6月) より　「PL.16」

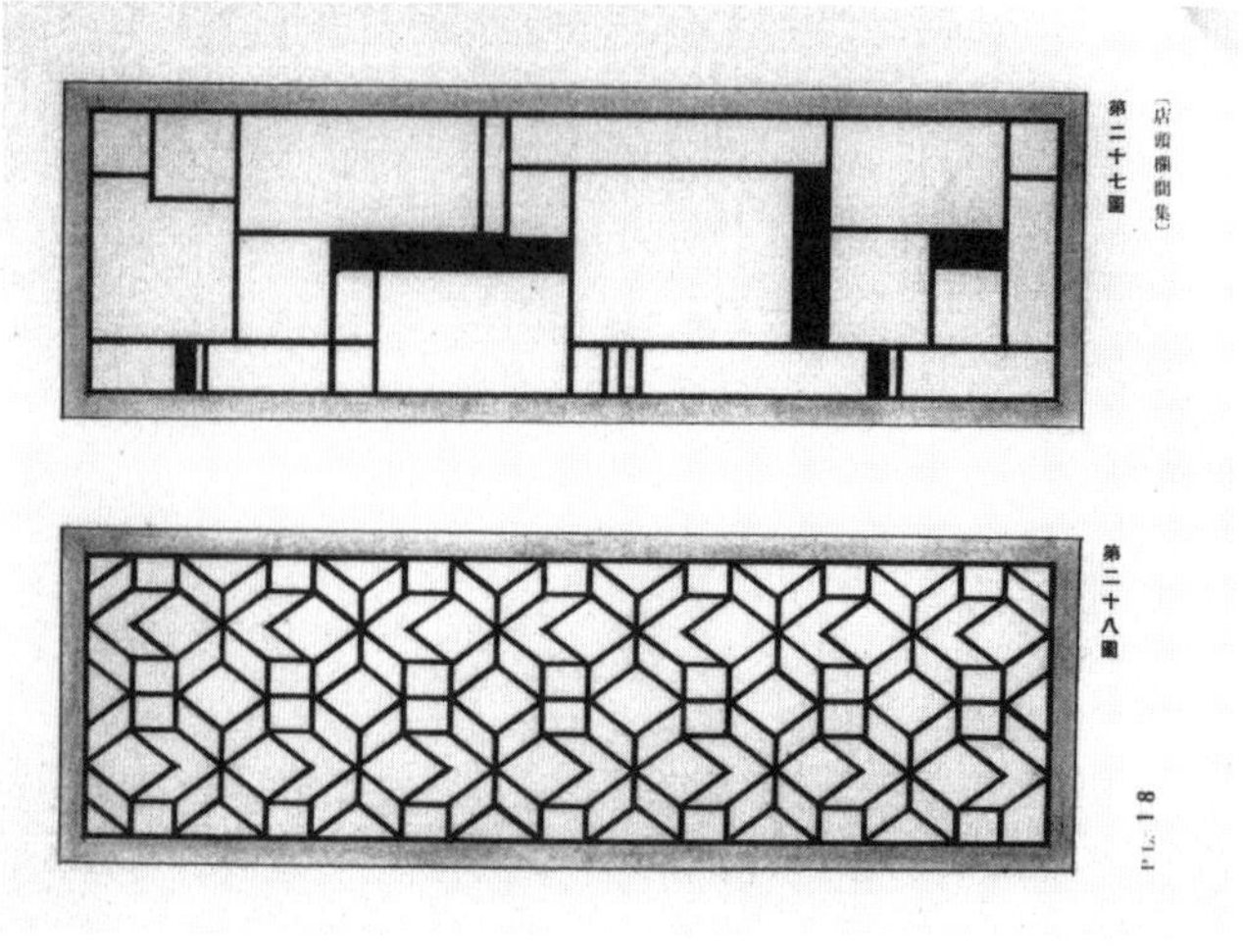

図4-10　『建築写真類聚　店頭欄間集　第七期　第廿二輯』(1931年6月) より　「PL.18」

図4-11　『建築写真類聚　店頭欄間集　第七期　第廿二輯』(1931年6月)より　「PL.19」

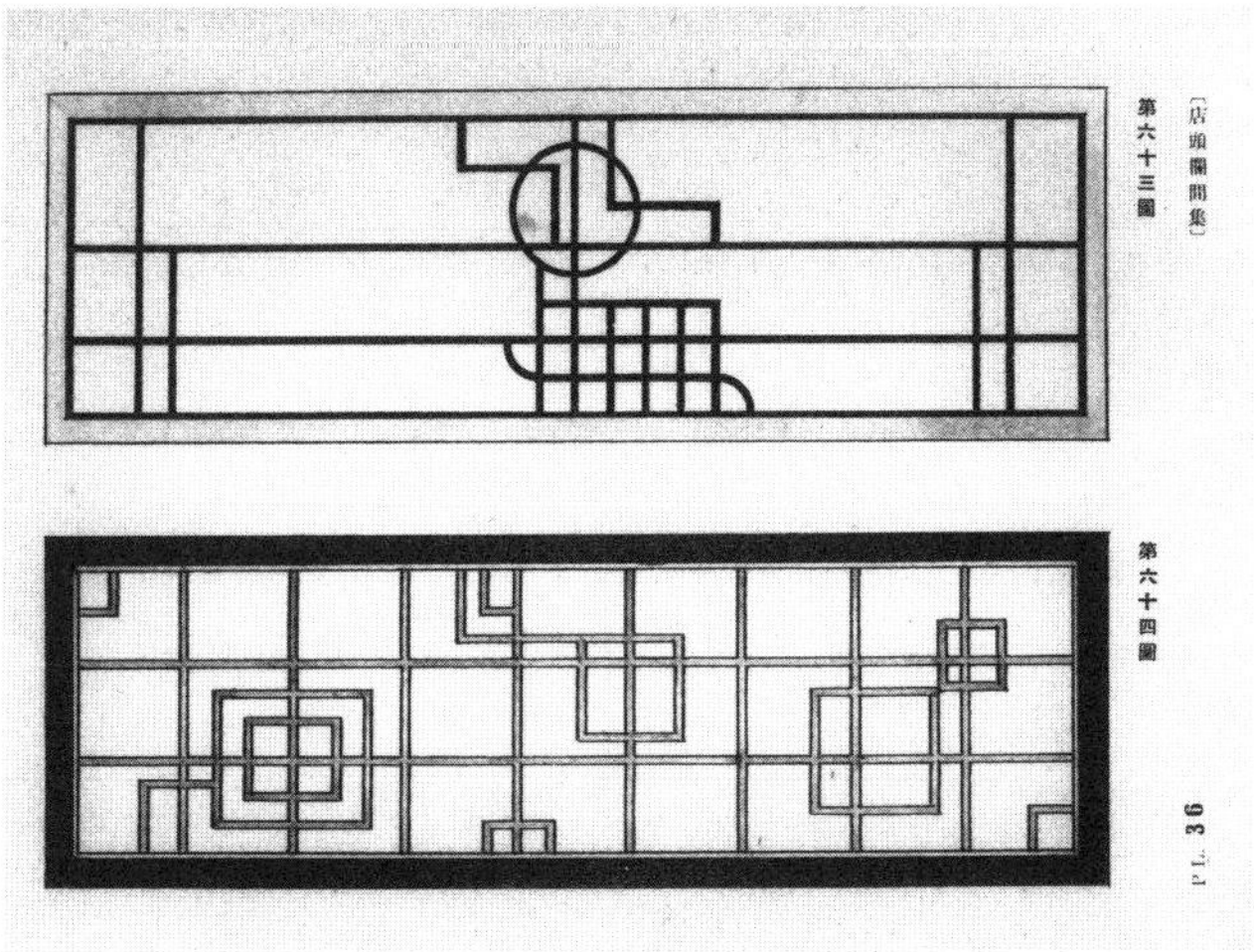

図4-12　『建築写真類聚　店頭欄間集　第七期　第廿二輯』(1931年6月)より　「PL.36」

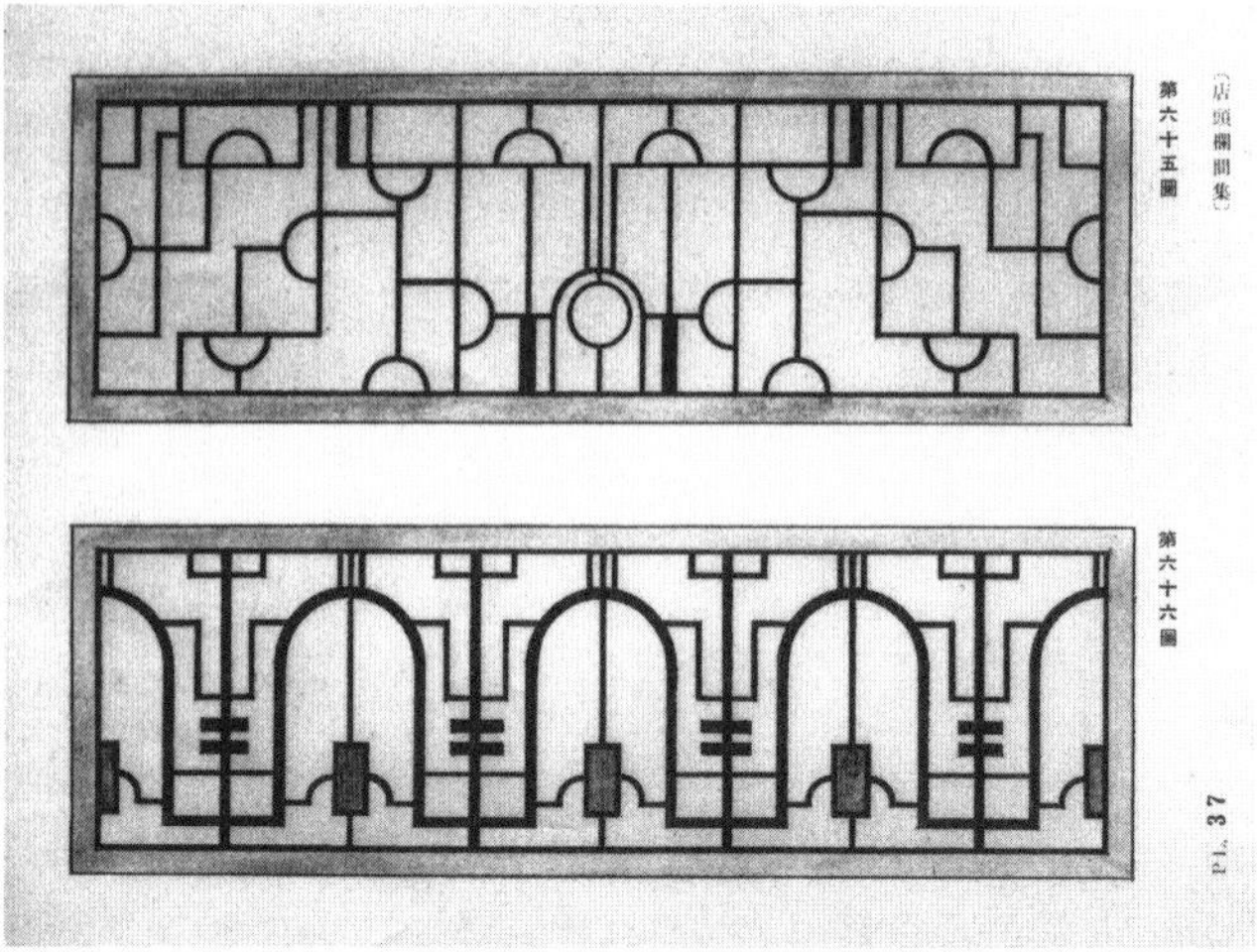

図4-13　『建築写真類聚　店頭欄間集　第七期　第廿二輯』(1931年6月)より　「PL.37」

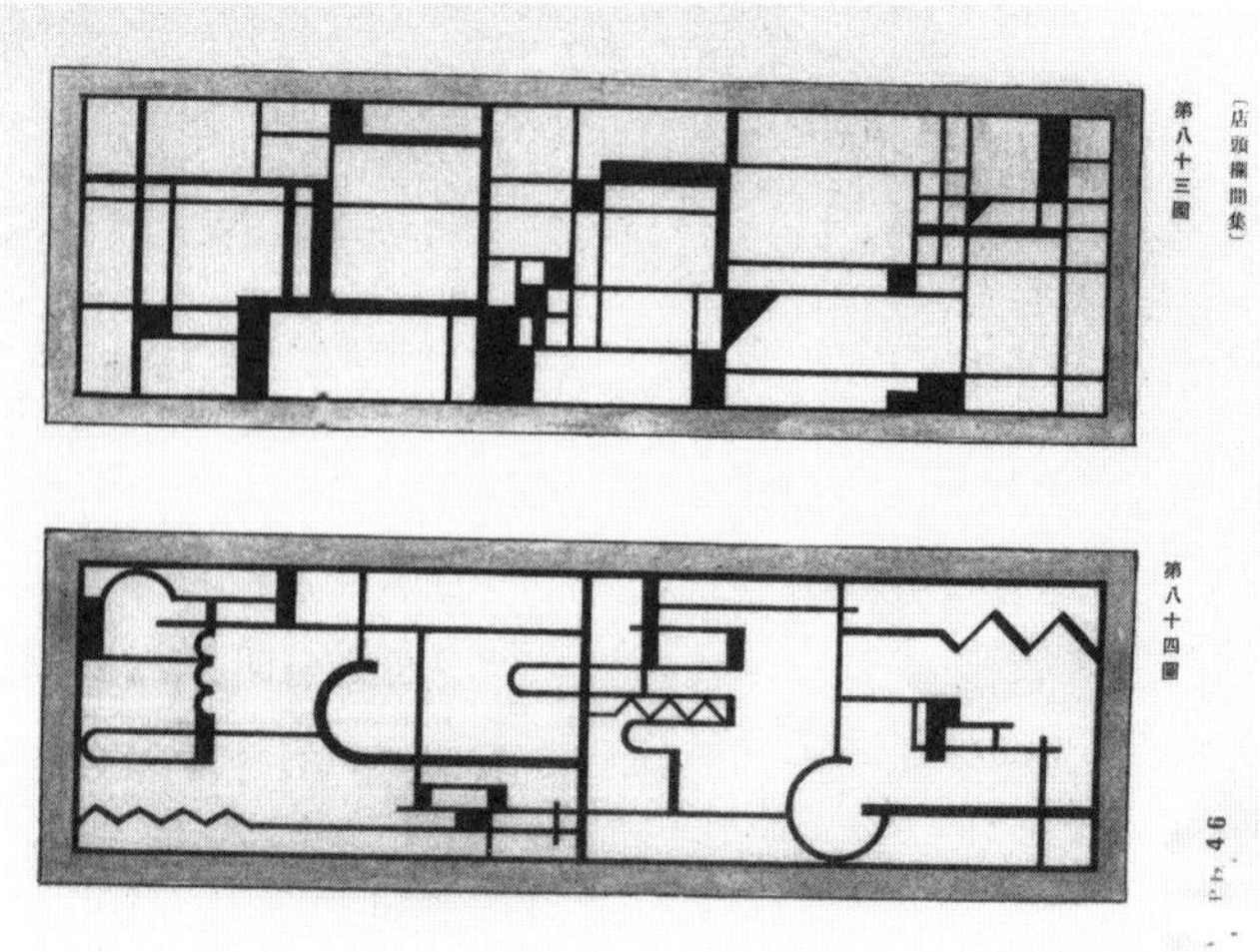

図4-14　『建築写真類聚　店頭欄間集　第七期　第廿二輯』(1931年6月)より　「PL.46」

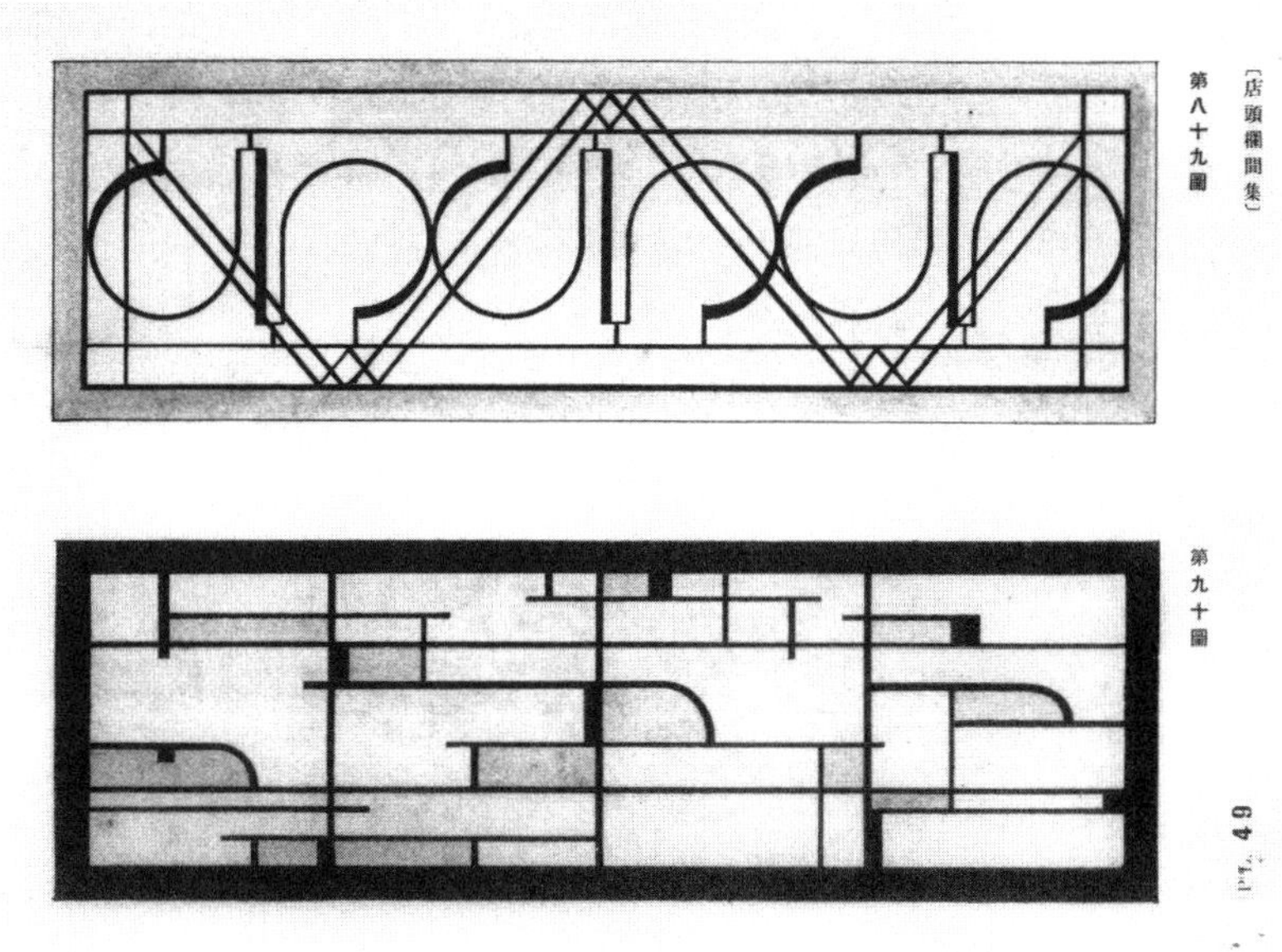

図4-15　『建築写真類聚　店頭欄間集　第七期　第廿二輯』(1931年6月)より　「PL.49」

いわゆる構造派とアール・デコ——野田俊彦と「建築非芸術論」と前橋市水道資料館

大正期と昭和初期の建築界の主導者であった佐野利器《としかた》（一八八〇〜一九五六）と、その影響を受けて育った内田祥三《よしかず》（一八八五〜一九七二）や内藤多仲（一八八六〜一九七〇）の三人、いわゆる構造派は、現実にたくさんの建物の設計に関わっている。佐野利器は単に顧問として関わっただけで、実際の設計はやっていないとも考えられるが、旧・徳島県庁舎（一九三〇（昭和5）年、現・徳島県立文書館）（図5-1・2）や旧・山梨県庁舎（一九三〇（昭和5）年、現・山梨県庁舎別館、山梨県指定文化財）（図5-3）への関与は深く、少なくとも基本設計は行った可能性が高い。そして、それらは装飾的細部にそれほど富んでいるわけではないが、みなアール・デコと言ってよい。内田祥三は、東京大学の本郷キャンパスと駒場キャンパスの主たる建物をはじめ、文字通りたくさんの設計を行っている。それらは「内田ゴシック」とも呼ばれていて、アール・デコとはなんら関わりがないようにも見えるが、尖りアーチや柱頭のクロケット風葉模様、それに付柱につけられたピナクル付きのシャフトを除けば、アール・デコと言えなくもない。もっとも、これらの部分がデザインの主眼であり、印象としても強いから、牽強付会的な物言いはやめるが、浴風会本館（一九二七（昭和2）年、東京都選定歴史的建造物）は、アール・デコとして問題ないであろう（図5-4）。東京タワーや通天閣をはじめたくさんの高層塔の構造設計を行ったことで知られる内藤多仲は、アール・デコとはなんら関係しないが、第二章の木子七郎のところで述べた自邸（一九二六（大正15）年、現・早稲田大学内藤多仲博士記念館）は、いくらかアール・デコと関係する（図1-9）。もっとも、これもまた、設計は木子七郎と今井兼次であって、内藤は構造に関わっただけとされている。

デザインを正面切って主張しないいわゆる構造派をここでわざわざとりあげるのは、彼らとてデザインや装飾を全面的に否定したわけではなく、彼らがあるいは施主が必要とした装飾は、彼らも施したし、そうした装飾は時代に最も好まれたものになるから、一九三〇年前後の装飾は、おのずとアール・デコ的なものになるということである。それに、鉄筋コンクリート造になんらかの装飾を施すとすると、アール・デコが最も合理的で自然だということである。そのことを、この三人の秘蔵っ子ともいえる野田俊彦（一八九一〜一九二九）の論考と建築作品を通して見てみよう。

野田俊彦は、建築学会の機関誌『建築雑誌』の一九一五（大正4）年十月号に掲載された「建築非芸術論」で一躍有名になった。有名になりすぎて、おそらく生涯、これを引きずらざるを得ないことになった。野田は一八九一（明治24）年六月十八日の横浜の生まれで、県立横浜中学校（後の横浜一中で、今日の県立希望ヶ丘高校）、一高を経て東大建築を一九一五（大正4）年七月に卒業している。つまり、「建築非芸術論」は彼の卒業論文の要約である。実際、これが『建築雑誌』に掲載された際の内田祥三による導入紹介文には、「建築非藝術論一編は野田工學士が東京帝國大學の卒業論文としてものせられし『鉄筋混凝土と建築様式』中の一節と同意味のもので『建築は藝術ではない』『建築を藝術として取り扱ふのは間違って居る』といふことを反覆論述せられたものである。もと同學士は美術的建物即ち所謂建築の意匠計畫には頗る堪能であって學生時代常に立派な計畫圖を作成せられてゐた。それにもかゝはらず卒業計畫には總ての利益を度外視して純實用一方の劇場を計畫し論文の意味を明にせられた」とある。

卒業論文の「一節」とあるから、卒業論文自体はもっと長くて、鉄筋コンクリート造という新しい構造にふさわしい様式が何であるべきかをもう少し詳しく論じているのかもしれない。しかし、『建築雑誌』に掲載された部分は、かなり凡庸である。タイトルだけの論文とも言える。たしかに、建築は芸術ではないということを何度か書いているが、こうも言っている。「冷かな科學から吾々は一つの梁は両端に於て支へられる時其中點に於て最大曲率を生じ、従て其處に最も大なる断面を有する必要のある事を知った。其上で中央部に於て深さ《デプス》の大なる梁を見る時自分にはそれが非常に美しく感ぜられる。六郷川の鐵道の鐵橋を自分は最も美しい構造物の一つであると常に思つて居る。だから斯の如くに趣味を養成しさへすれば美を以て建築の目的として差し支へない。そして彼等の藝術の定義に依るなれば建築は藝術である。こゝに於て自分は前に言つたと同じ事を繰り返さなければならない。建築が藝術であると同時に汽鑵や機関車を作る事が藝術になる事を注意しなければならない。建築が藝術であるか否かを定めて仕舞ふのが吾々の目的ではない。建築が其の本義に於て繪畫や彫刻に類するか汽鑵や機関車に類するかを見究めればそれで可いのである」（この引用中における「汽鑵」は、別の個所では「ボイラー」とルビがふってある）とか、「然し建物の美には上の如き物より以外のものがある。建物の實用的目的自然の気候的壓迫から人間を保護して其生活を完全ならしめんとする目的――に何等の貢献もなさないが人に快感を與ふる物がある。凸凹なし無地にて差支ない壁を縦横に仕切つて之れに繰形《モールジング》を作り柱型を出し彫刻を施したり色分けをしたりする。見る者に快感を與へんが爲である。此種の快感が人間生活を充分に遂行せしむるものとなるとか、其快感が無ければ生きて居られぬとかの理由から人生に貢献するものであり、其快感を生せしむる原因に存在の理由があるかも知れぬと云ふ問題が未だ残って居る。而して吾々が若し建築に美が必要であると云ふ事を肯ひ得るとすれば其美は上の如き意味でなければならぬ。此れを必要とし不必要とするのは各人の人生観から分れて来る」とか言って、余計な装飾とされるものにすら一定の理解を示している。もっとも、後半の件は、「酒や煙草が眞面目な意味で用ゐられては居ない様に其種の美は不眞面目である。酒や煙草は人體に害あるが故に排斥すべきである」と続き、そうした余計な美を作ったり鑑賞したりすることは人類に有害ではないからといって、「決して其の必要を主張し得るものではない。それ等の虚偽な美の無くなる時を理想にしてゐる。斯くて世界は装飾的分子の少しも無くなった物になる。而かも吾々の人生は其爲めに荒涼落莫たるものとなるかを恐れる必要は無い。却って眞の美を以て世界が充たされるであろう」としているから、やはりあくまでも「建築非芸術論」の主旨は貫かれてはいる。酒や煙草が有害だとしている論のついでに、「建物を装飾しやうとする考と同様に建物全體としてそれを何かの装飾に役立てやうとする考も無くなさねばならない。建物を装飾しやうとする考の間違つてると同じ理由で都市を装飾しやうとする考の間違つてるのは勿論である。大自然の此處彼處に建築を配置して自然の美を助長せしめ得たりとするに至つては口の廻りに入墨をして顔の美を増し得たりとするアイヌ人の考を去る事遠くない」という一節をつけ加えておくが、入墨のたとえはアドルフ・ロースの「装飾と犯罪」(「装飾と罪悪」とも。一九〇八年)を想起させる。また、都市の装飾否定は、野田の後の暴論「隅田川に架すべき六橋は同一様式たるべし」(『建築雑誌』1925年10月)につながるが、この論文は建築学会総会が大阪で行われた際の彼の講演録で、一種の漫談であり、しばしば笑いを呼んでおり、野田の話芸達者ぶりを示している。しかし、これもまた題名だけが独り歩きしそうな代物で、隅田川にかかる具体的な橋の話は実際にはほとんどない。また、野田はしばしばコンペに否定的な意見を述べている。結局、コンペは造形のみが問題されることに対する非難であろうが、単にお祭り騒ぎが嫌いだったせいかもしれない。

大規模な構築物の構造の美への言及やシンプルなものの称揚は、十九世紀の後半以降、多くの建築家に分かち持たれていたもので、野田俊彦が特に先進的でも過激なわけでもない。野田の主眼は、この論文の掲載を遡ること五年の一九一〇(明治43)年五月と七月の二度にわたって開かれた日本建築学会の討論会「我国将来の建築様式を如何にすべきや」が構造材料をほとんど問題にしておらず、煉瓦造、石造、時に鉄骨造をのみ前提に議論されていることに対する不満と、鉄筋コンクリート造を考慮した場合にその議論はどうなるか、ということにあったのであろうが、題名だけが独り歩きをしてしまったらしい。

この論考は、意外にも発表後はあまり反応がなかったようで、わずかに後藤慶二がこれに言及している。「予は此論が如何なる反響を惹き起すかを楽しんで待つたが、案外何等の反響も起らなかつたのに失望させられた……然しこれは諸大家が此問題に對して一向無關心であつたり、或は之を青二才のたわ言として一笑に付し去つたりしたのではあるまいと信じる」と書き、二つの疑問を呈している。すなわち「あの論旨は學士が眞劒にかくの如き信仰を抱いて居つてのことか、或は一時の感激か、或は一種の反語に類するものかと云ふこと」と「學士の動機は兎も角もとして、學士があの論旨を忠實に實行して行けるどうか」である。そして、建築が芸術かどうかは自分にはまだ明らかではないが、「然し予は藝術なりとする態度をとつて居たいとは思つて居る、これは随分強くさう思つて居るのである」と結んでいる（『建築』１９１６年４月）。続いて、同じ一九一六（大正５）年九月号の『建築雑誌』に、伊東忠太は「作是今非」という意味深長なタイトルの一種の反論を書く。もっとも、冒頭に「暫く建築雑誌に御無沙汰致して居つた處何か出せとの御命令。辭するも腹のふくるゝ業なれば、思ふ事共何くれとなく書き連ね題して昨是今非と云ふ」と書き、専ら「建築非芸術論」批判のために書いたのではないと予防線を張っている。しかし、野田の「建築非芸術論」が主たる執筆の契機となったことは間違いない。現に、伊東は「さて建築は藝術であるかないか、之は近頃の興味ある問題である。曩に野田學士が大膽にして痛烈なる非藝術論を唱えられ、大分之に賛成された人もあつた様である。併し雑誌『建築』第百九十六號に後藤學士の云はれた通り之に對する反駁論も現はれず、表面至て平静で何となく物足らぬ心地がする。自分はこゝに野田君の論のみを對象として批評するのではなく、一般に建築藝術非藝術論に就て考を述べてみるのである」とはっきり書いているからである。しかしまた、「元来建築が藝術であるや否と云ふ問題を呈出するには、前以て『建築とは何ぞや』と云ふ問題と『藝術とは何ぞや』と云ふ問題を正當に解決して置かなければならぬ、この前提が未解決のまゝで本論に立ち入つて見た處で、夫は何の結論も得られるもので無い、若し結論を得たとすれば夫は誤れる結論でなければならぬ、自分の見る所では、『建築とは何ぞや』と云ふ問題が既に未だ正當に解決されて居らぬ、『藝術とは何ぞや』と云ふ問題も未だ正當に解決されて居らぬ、前提が既に解決されて居らぬ以上、本論には立ち入り難い、強て本論に立ち入つても夫は無益である」として、一般論として書いているとしつつも、つまりは野田論文を一蹴している。

そもそも、タイトルだけが独り歩きしているこの若書きの内容的には月並みといってよい論考が、なぜ『建築雑誌』に掲載されたか。それが内田祥三の紹介文とともに登場したことで分かる通り、この論考は、いわゆる構造派の内田や佐野たちの強い支持のもとにあった。野田が「意匠計畫には頗る堪能」であったことも、彼らが支持した理由の一つであったかもしれない。野田は彼らにとって格好の使徒であり、伝道師であった。あるいは、そう仕立て上げられたのだろうが、その役割は彼には重すぎたであろう。ともあれ、伊東の文章が出た翌月、すなわち一九一六(大正5)年十月に建築学会で講演会が行われ、そこに野田が冒頭で発言する機会を与えられて、「建築非芸術論の続」という講演をし、それが同年十二月号の『建築雑誌』に掲載されている。その講演会の開会の辞は佐野利器によって行われており、野田の伊東への反論が期待されていたことがわかる。話が少し逸れるが、そこでの佐野の発言は、「建築學會が議論すべきことを假に家に譬へて申しまして、學術の細に入り詳に亘ることを其構造或は意匠と云ふやうなものに比すべきであるならば、外にモット根本的な其プランに當るやうな問題が澤山あらうと思ひます、もう少し具體的に申したならば、社會問題としての建築論の如き其の一つであります、人生の如何なる場合にも附纏ふ建築、及之を取扱ふ建築家が随分社會問題を等閑に付して居る気味があるではありませぬか」というものであり、建築の構造というよりも建築の社会的な問題へのさらなる注意喚起を促している。また、そこでの野田の発言は、必ずしも要領を得ていないが、「自分の申したいのは建築に對する自分の解釋であって建築の『デフィニション』ではないのであります、建築を『デファイン』したつてどうする事も出来ないのであります、我々が満足するような解釋を見出したいと思ふのであります……それで其爲には建築が藝術であるかないかと云ふことが……私は建築の解釋の中の大きな一つの要點と考へます」と、あくまでも「建築非芸術論」を頑固に主張し続けている。

繰り返すが、野田俊彦は佐野と内田の庇護の下に「建築非芸術論」を引っ提げていわゆる構造派もしくは社会派の伝道師の役割を果たそうとした。「建築非芸術論」の野田俊彦というレッテルはあまりにも強すぎ、先にあげた一九二五(大正14)年の「隅田川に架すべき六橋は同一様式たるべし」の講演の中でも、冒頭に「矢張り例の建築非藝術論であるのであります」とある。非芸術論発表の十年も後のことである。その間の一九二〇(大正9)年に、周知の分離派建築会の旗揚げがあったが、その分離派に対しても野田は、「一體建築は作者のものか注文主のものか考へてみたい。分離派の同人達はそれを作者のものだと考へてゐるらしい……人間のする事は自由だ。他人に迷惑を及ぼさない範圍で勝手なことをするがいゝ。建つあてのない建築をワツトマンの上で消したり書いたり色を塗つたりするがいゝ。するがいゝがそれはその人達の道樂で人にもその道樂を見せびらかす必要のあるものでもない」（『建築世界』1920年10月）と焼けのやんぱちめいた毒言を吐いている。分離派建築会の創立メンバーの一人、石本喜久治が『分離派建築会の作品』（石本喜久治、堀口捨己、矢田茂、滝沢真弓、山田守、森田慶一の共著、1920年7月、岩波書店）に発表した「建築還元論」の冒頭の「建築は一つの藝術である。このことを認めて下さい」という章題（各章題が惹句調になっていて、この部分だけがとりわけ哀願調であるわけではない）は、ですます調（全文がですます調。堀口の文章もですます調）の故もあってか、悲痛とも思える訴えととらえられているが、これも彼に対する野田たちの影響力が強かったからであろう。実際、石本は「建築非藝術論者」、堀口は「構造派のある人々」、矢田茂は「日本の所謂、構造派の如く構造だけしか、知らない」と書いている。ただし、同書に収められた森田の「構造派について」の「構造派」は佐野一派を直接指しているわけではなく、ペーター・ベーレンスを主とする外国の一派のことを言っている。ついでながら、分離派宣言の最初の項目「我々は起つ。過去建築圏より分離し」と二番目の項目「我々は起つ。過去建築圏内に眠って居る總てのものを目覺めさんために」は一見矛盾しているようであるが、分離派は歴史を全面否定しているわけではない。

さて、東大卒業後の野田の履歴であるが、陸軍技手、陸軍技師、都市計画地方委員会技師、内務技師、東京帝国大学図書館建築部工営課長、警視庁保安部建築課長（復興局技師兼任）と、わずか十五年ほどの間に役所を転々とし、一九二八（昭和3）年一月に役所の本官・兼官ともにやめて、同潤会の嘱託（大塚女子アパートと横浜の南太田改良住宅に関わっているらしい）と東京工業大学工業専門部講師の嘱託を得て間もなくの一九二九（昭和4）年十二月二十六日に脳溢血で亡くなっている。享年三十八。「十二を頭に五人の女児」（『建築雑誌』1930年1月、大島三郎の追悼記）を残しての夭折であった。なお、都市計画地方委員会技師の時代の一九二二（大正11）年、欧米に出張している。

その野田の作品といえるものが、前橋市水道資料館（一九二九（昭和4）年、国登録文化財）である（図5－5）。これは前橋市の敷島浄水場内の管理事務所として建てられた鉄筋コンクリート造二階建て。野田が官を辞した晩年の浪人時代の仕事である。この建物の図面に彼の名が記されているそうで、それで彼の関与がわかるという。この建物、なぜか熊のような印象を与える論客、野田からすれば、まったく意外なかわいいメルヘンチックな作品である。矩形プランの一方は全体が丸くなっているし、屋根からはやはり一方が丸くなった展望窓のようなものが出ているし、眉形屋根窓（アイブロー・ドーマー）もあるし、罵倒した分離派がその影響下にある表現主義の影響を、野田自身も受けているかもしれない（図5‐6）。その他、玄関入り口の庇は優雅に弧を描いて突出しているし、入り口扉の左右には、石製の円環形を重ねた装飾（その端部は球形を重ねたもの）がついているし、テラスには波形と円形を組み合わせた装飾をもつパラペットがある（図5‐7・8）。また、内部の階段の親柱には幾何学的な装飾が施されているし、階段の手摺り壁の金属細工にも少しクラシックな装飾がある（図5‐9）。総じてまさにアール・デコである。後世のわれわれが「建築非芸術論」というタイトル（あくまでもタイトルである。実際の内容からすると案外呼応するかもしれない）からイメージするものとはまるで違っている。建築が芸術であると論じようと、ないと論じようと、建築家はみな時代の子だといってしまえば簡単だが、強力な「建築非芸術論」の論者にとっても、アール・デコの装飾は「道楽」ではなかったということであり、アール・デコの装飾の機能と必要性は認められていたということであろうか。ちなみに、屋根の上に突き出した展望窓は、たしかに階段で上がることができる浄水池監視のための窓であり、眉形の屋根窓は小屋組の明り取りであった。つまり、二階は天井を張っておらず、小屋組を見せているのであり、屋根の上の工作物は一応の機能をもっていることになる（図5‐10）。

最後に、「建築非芸術論」者のレッテルにこだわって強弁を繰り返したかに見える野田俊彦であるが、国風加味の表現に関してはまったく否定的であることを、また別の彼の所論「所謂日本趣味を難ず」(『建築雑誌』1917年1月)から紹介しておこう。そこには、「在来の日本趣味に源があると云ふ事を有難がる理由は我々には見出し得ないのである。斯の如くに問ひ詰めて来る時、我々は之れ等の考が一種の幼稚な國粋保存主義から出發してる事に氣付かねばならない」とか「西洋文化の為めに亡ぼされる事を恐れる我々の美しい造物は未だ曾て我々以外の民族から影響されずに今日まで傳つて来つたものだらうか。而してまだ西洋文化の為に亡ぼされる位のものならば、どの道傳へらるゝ程の價値のあるものではないのではないか」とか「我々の國民性は現代に於ける我々の特性である。前時代の我國民の特性が吾々の國民性を形造る上に於ける一大因子である事は論を待たないけれ共、それは明かに我々の國民性とは別物である……我々の建築に求む可き國民性の表現は現代の國民性の表現でなければならない」と続き、ついには「一般に――『日本趣味』に依ると依らぬとに拘はらずに――國民性を表現せんとする事の不必要無意味なる事を論じたい」「個人性若は國民性を表現せんと企てる事には何等の意味もあり得ない」「我國民性を表現せんが爲めに『忠君愛國』や『萬世一系』や『武士道』や『大和魂』の様な切れゞ、の考を幾つ集めたつて盡せるものではない」「我々は國民性の表現を企てる必要はない。たゞ建築の目的を最も完全に満足せしめんが為に最も適當なる平面《プランニング》と材料と構造とを選むより外に必要な事はない。建築の目的を最も完全に満足せしめんが為めに選まれた平面《プランニング》と材料と構造とのみが建築によつて表はされ得る國民性である」と来て、最後に「而して又社會的に勢力を持つて居る其の種の門外漢の為めに世界各國から笑はれまい〳〵とするいぢけた態度によつて我々の議院が建築せられるであらう事も豫言するに難くないと思ふ。議院建築は斯の如き人前で建てらる可き性質のものであるかないかは知らないけれ共、世界に示すならば我々が建築の根本問題に於て各國よりも一歩進んだ解釋から之れを建築する事を以て誇りたいと思ふのである」と結ばれるのである。建築に精神的・超越的表現を拒む、きわめて合理的・実際的で地に足のついた姿勢の表明である。「我国将来の建築様式を如何にすべきや」論争から始まって日本趣味の建築へと至る流れとは一線を画している。むしろ、分離派建築会を含む「建築芸術派」のほうが時代の思潮と共に揺らいでいたかもしれない。ともあれ、実用を超える超越的な働きを建築に一切認めなかった「建築非芸術論」者たる野田にとってすら、アール・デコは一定の存在意味を持っていたのである。

図5-1　**徳島県立文書館　外観**　旧・徳島県庁舎の主要部分を、1989年に数キロ離れた総合公園に移築したもの。

図5-2　**徳島県立文書館　外観細部**　かなり複雑な植物文様の装飾が見られる。

図5-3　**山梨県庁舎別館**　もとの県庁舎本館で、コーニス部分の軒丸瓦の列が印象的。瓦には「山」の字がデザインされているようだが、三角と矩形の組み合わせで、まさにアール・デコ。

図5-4　**浴風会本館**　二階上部のコーニスが二つの三角で突出している。タイルも様々な張り方がされている。

図5-5　前橋市水道資料館　外観　左の端部は丸くなっている。やはり、屋根が最も印象的。

図5-6　前橋市水道資料館　外観細部　展望窓と眉形屋根窓。展望窓からは配水池がよく見えることになっている。

図5-7　前橋市水道資料館　外観細部
玄関入り口左右の柱形。幅広い円柱を重ねたような形をしているが、左端は壷状の形になっている。

図5-8　前橋市水道資料館　外観細部　二階テラスのパラペット。波形の装飾が見られる。水を意識したか。

図5-9　**前橋市水道資料館　内部**　階段の手摺り。なんとなくクラシックな感じはするが、親柱の頭の部分が幾何学的。

図5-10　**前橋市水道資料館　内部小屋裏**　展望窓のところから見た小屋裏。左右に見える明かりが眉形屋根窓からのもの。

土木技術者とアール・デコ——阿部美樹志と金森誠之

野田俊彦が、絵画や彫刻の対極にあるものとして橋やボイラーや機関車をあげ、それらが芸術であるならば建築も芸術であるとしたことを前章で述べたが、野田にとっては、橋やボイラーや機関車は、機能を満たすための要素だけからなる余計な装飾的付加物のないものであった。しかし、現実はそうではなかった。建築のみならず、土木も機械も時代の産物であり、昔の遺産を引きずりながら、あるいはそれと格闘しながら変化してきたのである。最初期の機関車の煙突はオーダー柱に似せてつくられたらしいし、最初期の鉄道駅はギリシアのアクロポリスの入口の建物、プロピュライアに似せてつくられた。エッフェル塔も、蕨手文様の部材を備えているし、橋にはシンボリックな親柱がつけられるのが常であった。したがって、土木技術者のつくる構築物にも、やはりなんらかの装飾的付加物がかならずある。この章では、土木技術者が建物や構築物にどのようなデザインをしたかを少し探ってみようと思う。

ふりかえって見れば、古代ローマのウィトルウィウスの建築書に、アーキテクチュアには建物を建てること、日時計を作ること、機械をつくることの三部門があると書いてあり、「建物を建てること」の中には、道路を引くことも城壁を築くことも含まれているから、昔は建築も土木も機械もみなアーキテクチュア（「主たる技術」の意味）だった。それが次第に建築の意味に限定されてきたわけだが、現在、コンピューターの世界でもアーキテクチュアが使われており、かなり幅の広い意味をもたされて使われているようであるから、ITの世界で再び本来の意味を持たされているのかもしれない。ともあれ、土木と建築は非常に近い世界であり、構造的な学問は、応用こそ違え、理論的には基本的に同じであろうから、土木を学んで建物を設計して建てた人も何人かいる。

たとえば、明治期の高等学校など高等教育施設をたくさん設計した山口半六（一八五八〜一九〇〇）は、パリのエコール・サントラルで土木を学んでいる。エッフェル塔のエッフェルもこの学校の出身である。ついでながら、近代日本の土木を先導した古市公威（一八五四〜一九三四）と沖野忠雄（一九五四〜一九二一）も、まったく同じ時期にエコール・サントラルで学んでおり、古市は「自分が一日休めば日本が一日遅れます」と言ったという留学中の猛勉強ぶりでも知られ、また非常に巧みな建物の着色図面まで残しているから、彼らにとっても土木と建築はそれほど違わなかったのかもしれない。そういえば、江戸時代の「普請奉行」と「作事奉行」も、前者は土木、後者は建築と明確に分けられていたわけではなかったらしい。また、海軍の技師で海軍の施設の設計に携わり、柔構造理論のパイオニアとしても知られる真島健三郎（一八七三〜一九四一）も札幌農学校土木（当時は工学科）の出身であり、北海道庁旧本庁舎（一八八八（明治21）年、国の重要文化財）の主たる設計者とされる平井清二郎（一八五六〜一九二六）も土木技術者である。にもかかわらず、北海道庁旧本庁舎はむしろ装飾的細部に溢れている。

それから、いずれも現存しないが、梅田阪急ビルや日比谷映画劇場、有楽座、中央大学駿河台校舎などの設計で知られる阿部美樹志（一八八三〜一九六五）も土木出身である。阿部は一八八三（明治16）年五月に岩手県一関に生まれ、一九〇五（明治38）年に札幌農学校土木工学科を卒業して、後にイリノイ大学（「イリノイ州立大学」と記す文献もあるが、州立の大学ではあるけれども名称には州立を名乗らない。今日のイリノイ大学アーバナ・シャンペーン校である）に留学、アメリカの鉄筋コンクリート構造のパイオニアとされる土木のアーサー・N・タルボット（一八五七〜一九四二）の下で学んで、鉄筋コンクリートの応力に関する実験的研究で学位（Ph. D）まで取得している。これまたついでながら、後に東大の土木の教授となり多くの弟子を育てた広井勇（一八六二〜一九二八）も札幌農学校土木（真島と同じく工学科）の出身である。阿部は、札幌農学校卒業後は逓信省外局の鉄道作業局（後に鉄道院）に勤務、一九一一（明治44）年から一四（大正3）年までの米国留学後に鉄道院に戻って、鉄道高架橋などの仕事をしていたとされる。そして一九二〇（大正9）年に鉄道院をやめて阿部事務所を開設、以後たくさんの建物を設計することになる。なお、事務所開設と同じ年、京大から工学博士の学位を得ているが、それは広井勇の東大依願退職の翌年のことである。

事務所を開く前の鉄道院時代に、東京高等商業学校専攻部校舎（一九一六（大正5）年、後に岩波書店本屋、現存せず）をはじめ、遠藤於莵（一八六六～一九四三）設計の鉄筋コンクリート造の建物十数件の構造設計に関わっている。遠藤は、横浜の三井物産ビル（一九一一（明治44）年）では鉄筋コンクリート造の設計を酒井祐之助（一八七四～一九三五）と共同で行っているが、東京高等商業学校専攻部校舎以降は阿部とペアを組んでいる。酒井も工手学校を出てからアメリカのペンシルベニア大学に留学しているが、鉄筋コンクリートという材料に関する技術的な知識の信頼性において阿部がまさっていたのであろうか。阿部はこの遠藤との仕事を通じて建築の世界へ入って行ったのだが、阿部と遠藤を結びつけたのは広井勇だとされている。もっとも、東京高等商業学校専攻部校舎の竣工と同じ一九一六（大正5）年四月に、阿部は建築学会で「實験上より見たる鐵筋混凝土建築各部の設計」という講演を佐野利器の司会の下で行い、その講演録は同年の『建築雑誌』の十・十一・十二月号に分載されているから、この頃から阿部と建築との関わりはいくつかの面で始まっていると考えられる。ちなみに、建築学会の講演の阿部の肩書は「特別員　ドクトルオブフィロソフィ」というものであり、講演の冒頭で「實は私は土木の者でございまして建築の事を御話しますが資格が無いのですが、何か一つ話せといふ仰せでありますから已むを得ず今日罷出でました」と言っている。この講演録は合計四十頁を超える長さであり、かなり長時間の話であったと思われ、最後の質疑応答の様子から察するに、多くの実験から得られた阿部の報告は、聴講者を圧倒したものと思われる。

阿部事務所開設以後の彼の仕事であるが、浅野セメントの浅野総一郎や阪急の小林一三など有力な企業家の知己を得て、実に大量かつ多様な仕事をしている。浅野との関わりで、浅野学園が設けた混凝土専修学校（現・浅野工学専門学校）の校長を一九二九（昭和4）年から一九三四（昭和9）年まで務めており、そこでは遠藤於菟も講師を務めていた。また横浜高等工業建築学科で開学以来長く、非常勤の講師として鉄筋コンクリート構造を講じている。もっとも、当時の生徒の話によると休講が多かったらしい（江藤静児『鐵筋混凝土にかけた生涯』日刊建設通信新聞社、1993）。戦後の一九四六（昭和21）年には、戦災復興院総裁に就任。これは公職追放となった小林一三の後任で、小林の推薦によるものという。翌一九四七（昭和22）年、わずかに二カ月間であるが最後の勅選の貴族院議員を務めている。亡くなったのは一九六五（昭和40）年二月。八十一歳であった。

さて、阿部の仕事にアール・デコ的要素があるかということであるが、彼の仕事も時代と建物用途に応じて変化している。中央大学駿河台校舎（一九二六（大正15）年）は、オーソドックスなカレッジエイト・ゴシックであるし、梅田の阪急ビル（一九三一（昭和6）年）は大きな半円アーチの連続が印象的であった。そして建築家としての阿部の処女作とも目される日英醸造鶴見工場（一九二〇（大正9）年）にも、石造風の目地が切ってあったし、要所要所に正方形タイルが張ってあった（図6-1・2・3）。ちなみに、日英醸造はカスケードビールやオラガビールをつくっていた。しかし、これらは現存しないので、現存するもので見ると、東京建物本社ビル（一九二九（昭和4）年）もまた半円アーチが目立つ（図6-4）。表面は石張りであるし、犬歯飾りの帯状繰形が施されているし、柱礎にも簡略化した繰形が見られる（図6-5・6）。とりわけ土木出身であるということは感じられないが、比較的シンプルでデザインを正面切って主張するということがあまりないという感じであろうか。阿部自邸（一九二四（大正13）年）もまた、比較的シンプルな鉄筋コンクリート造の住宅であるが、二階の主要部にはコーナーにタイルが張ってあるし、コーニス下端や窓上部にはややクラシックなレリーフも見られるが、そのレリーフを囲むペディメントは繰形を欠いており、ジグザグ・モールディングのような三角の帯模様も見られる。また腰壁の高欄も、三角柱の連続によって構成されている。そうしたところに、鉄筋コンクリートに装飾的細部を施すと自然にアール・デコになるという現象を見ることができるだろう。

もう一つ、戦後の作品ではあるが、現存する彼の代表作の一つと見なされる佐賀県庁舎本館

（一九五〇（昭和25）年）を見に勇んで出かけたのだが、残念なことに、現在、耐震工事中で見られなかった。しかし、なんとか覗いてみると、外壁にはスクラッチタイルが張ってあるし、その開口部周りの張り方は水平ではなく段々になっているし、柱上部の横架材には幾何学的な溝模様が施してある（図6-7・8）。これもまた、アール・デコ的といえばいえるであろう。

阿部美樹志は土木を学んだ建築家であるが、最後に、終始、土木技術者でありながら建築的意匠にもすぐれていたであろう金森誠之（一八九二〜一九五九）について触れておきたい。なお、金森の名は「しげゆき」と読むらしい。金森は、一八九二（明治25）年七月、和歌山県有田郡の生まれで、一九一五（大正4）年に東大の土木工学科を卒業し、一九四二（昭和17）年に退官して金森研究所を開設するまで、ずっと内務省に勤めている。これだけだと内務省の単なる一土木技師にすぎないが、一九二四（大正13）年から一九三一（昭和6）年まで、途中、一九二九（昭和4）年の一年近くの欧米視察をはさんで、多摩川改修事務所長を務め、すばらしい外観の川崎河港水門（一九二八（昭和3）年、国の登録文化財）の設計者として名をとどめているのである。また、金森式鉄筋煉瓦の考案者としても名を残している。鉄筋煉瓦はかなり前から行われている碇聯鉄構法の改良版で、煉瓦に鉄筋を通すいくつかの穴をあけるなどの工夫が他の人々によっても考案されているが、金森式は煉瓦の長手の一か所を長円筒形に欠きとったもので（穴ではないから、長手の一部は抉られる形になる）、かなりユニークな考案である。

120

もちろん、時代は鉄筋コンクリート造に向かいつつあったが、金森は鉄筋煉瓦を型枠のいらないコンクリート造としても考えていたらしい。その他、金森は映画をつくり社交ダンスの本を出すなど多趣味の人としても知られており、またかつて仙台土木事務所長を務めていた関係で、一九四六（昭和21）年の仙台市の最初の公選市長選に押されて立候補したが、わずか二千五百票差で次点に泣いている。亡くなったのは一九五九（昭和34）年八月。享年六十七であった。

さて、その川崎河港水門であるが、これには実に細やかな装飾的細部が見られる（図6-9）。左右の塔部分の四隅にある柱形にはフルーティングが見られるし、アーキトレーヴの周囲には玉縁飾りが見られるし、雷文風の装飾や、円窓や側面の窓の周りの装飾も見られる（図6-10）。これらは繊細で手が行き届いている。それらの装飾の基本はクラシックなものであるが、大袈裟な凹凸がなく、基本的にはシンプル。そして、フリーズの隅の面取り部分の装飾は矩形を三段に窪ませたもので、アール・デコ的。コーニス部分に巧みに取り付けられた川の字をモチーフにしたという三重丸の市章もアール・デコ的。もちろん、この市章はこの水門の設計者がデザインしたものではなく、設計者はただその取り付け位置だけを指示したにすぎないが、この市章も一九二五（大正14）年につくられたもので、同時代の産物。ぴったり、全体の造形感覚に溶け込んでいる（図6-11）。さらに、水門の前面の橋の欄干の親柱の装飾もまったくのアール・デコ（図6-12）。そして、それらと異なって異彩を放っているのが、水門の最上部に置かれた果物を組み合わせた彫刻的置物。川崎の名産である梨と桃とぶどうをあしらったものらしいが非常にユニーク。こんなすごい彫刻的装飾が土木技師に可能かどうか不思議だが、金森本人が「久留」という建築家の助力を得たと書いているという。この「久留」というのは、東大の建築を金森と同年の一九一五(大正4)年に卒業した久留弘文(一八九〇〜一九三三)である可能性が高い。久留の生没年は『満洲建築協會雑誌』の一九三三年六月号掲載の久留の追悼記事によるが、彼は陸軍省勤務の後、一時期満州で仕事をしていたらしい。明治神宮絵画館のコンペで入選しているから、設計の力も十分にあったのであろう。とはいえ、川崎河港水門においては最終的に決定したのは金森であろうから、やはり金森の意匠的能力は高いとしてよいであろう。

それが証拠に、自分で設計して建てたという彼の自邸(一九三四(昭和9)年)の外観は、先述の阿部美樹志自邸よりもはるかにモダンで先鋭的。金森式鉄筋煉瓦造で建てられているようだが、ほぼ全面にスクラッチタイルが張ってある。全体的にきわめてシンプルで、コーニスの突出もないし、繰形も一切ないし、余計な付加的装飾がまったくない。白く塗ればモダニズムの鉄筋コンクリート造住宅に見えるだろうし、立体による機能的かつ効果的な構成というモダニズムのスローガンにぴったり適っている。唯一、壁の一部に煉瓦を十字形に穿ったスクリーンが見られるが、それもまたシンプルといえばシンプルであり、時代の最先端を走る建築家の作品としても間違いではない。これも「久留」の助力を得ている可能性もないではないが、久留弘文は金森自邸の竣工の前年の五月に亡くなっている。

それから、もう一つ。この川崎河港水門の多摩川の対岸に六郷水門(一九三一(昭和6)年)がある(図6-13)。これは金森の多摩川改修事務所長時代の仕事であり、金森式鉄筋煉瓦も使われているようだが、設計者はよくわからないらしい。これは、やや表現主義風のずんぐりむっくりした外観が特徴の水門で、たしかに異彩を放っているが、金森自身の作品ではなく、他の事務所員の仕事といったほうがよいような気がする。

ともあれ、川崎河港水門のように、土木事業でその仕事の担当者がはっきりしているのは珍しく、それだけ金森の存在がきわだっていたからであろうが、土木技術者の造形の仕事もまた時代の流れとともにあり、アール・デコの時代にはアール・デコの刻印が見られるということである。

図6-1　**日英醸造鶴見工場　外観**　2008年に取り壊され現存しないが、阿部美樹志の最初期の仕事でもあるので掲載した。

図6-2　日英醸造鶴見工場　外観細部
柱形の上部には装飾があり、壁は目地が切ってある。

図6-3　日英醸造鶴見工場　外観細部
柱形の上部の装飾は、すべて矩形からなっている。

図6-4　**東京建物本社ビル　外観**　二階までとその上とは異なった表現がされている。

図6-5　東京建物本社ビル　外観細部　二階までは石張りで、少し重厚な感じがする。

図6-6　東京建物本社ビル　外観細部　柱礎には簡略化された繰形が見られるし、幾何学化された犬歯飾りも見られる。

図6-7　佐賀県庁舎　外観細部　アーキトレーヴに相当する水平部材と思われるが、縦溝の装飾が見られる。

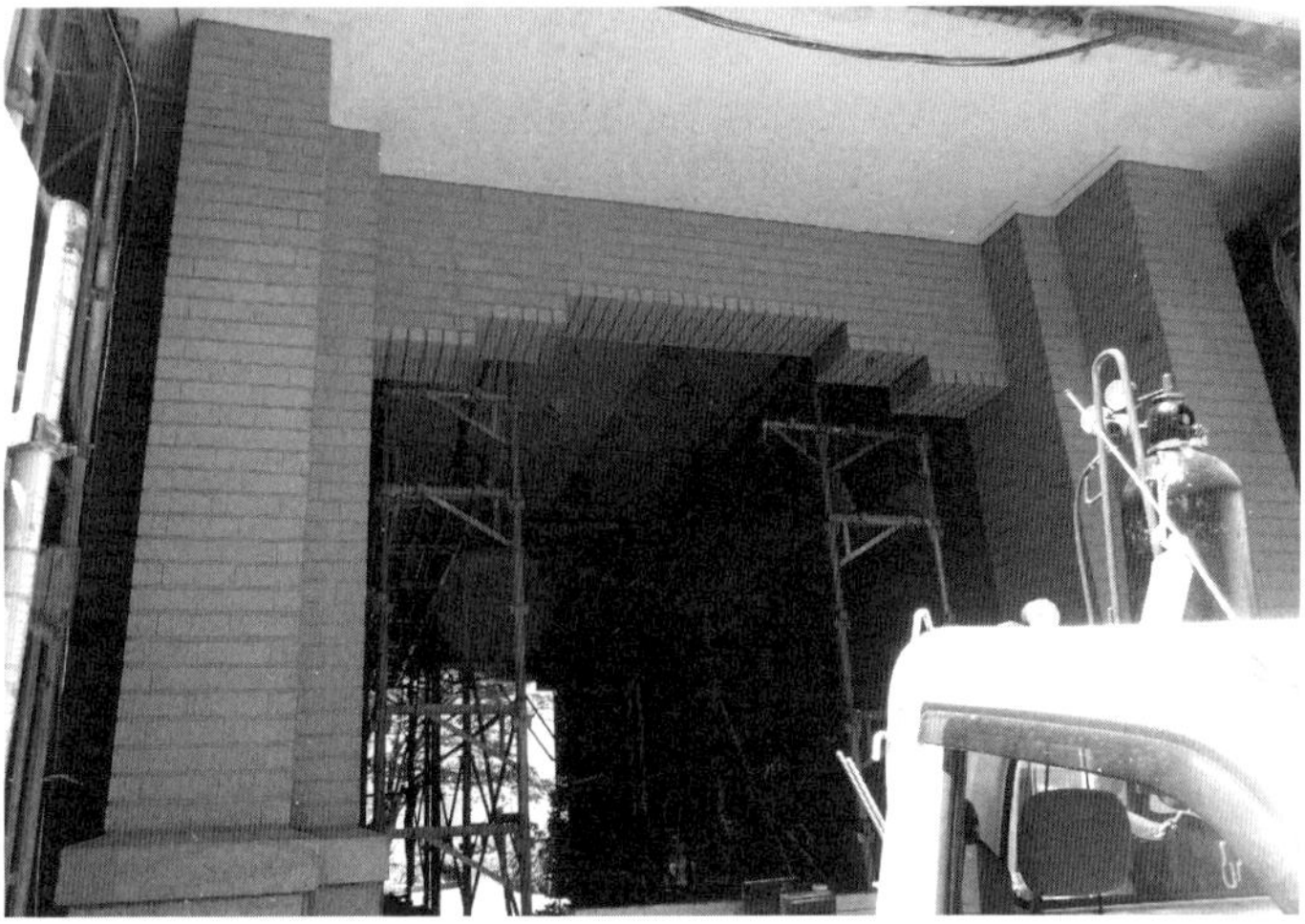

図6-8　佐賀県庁舎　外観細部　梁部分の下端が段々にタイルが張ってある。

図6-9　川崎河港水門　外観　左側が多摩川。コの字型のゲートの真ん中に水門がある。

図6-10　川崎河港水門　外観細部　柱形には溝彫りが施してあり、その上のアーキトレーヴの周囲には卵鏃模様風の繰形が見られる。

図6-11　**川崎河港水門　外観細部**　果物の彫像と川崎市の市章。フリーズの左右の隅には矩形の組み合わせの繰形が見られる。

図6-12　**川崎河港水門　外観細部**　前面の橋の親柱。柱形の溝彫りとよく呼応している。

図6-13　**六郷水門**　左側が多摩川。右側の川堤の下には水を生かした公園が設けられている。

水道施設とアール・デコ

景観の美しさは、水と緑と時代を経た構築物の組み合わせに尽きると思われるが、水に関わる施設は、みなどういうわけか美しい。たとえば水道に関わる施設。その美しさは、もちろん、それらが構築技術の粋をこめられてつくられていることによるが、水が人にとって必須のものであるという意識もあずかっているかもしれない。古代ローマの水道橋は水が流れていないけれどもすばらしいし、京都の南禅寺の水路閣（一八九〇（明治23）年）は古い寺の建物と緑と、煉瓦造のアーチとの意外な出会いがつくる魅力である。しかも、水路閣はいまも水が流れている現役の施設であり、上に上がると、まさに水と緑と疎水の構築物が見られ、それに流れる水の音まで加わってすばらしい。それから、たまたま見たものだが、徳島市の佐古配水場ポンプ場（一九二六（大正15）年、国登録文化財）も美しい（図7-1）。南禅寺の水路閣は田辺朔郎（一八六一〜一九四四）という土木技術者が設計してつくったものであるが、水道施設をつくるのは土木技術者の仕事である。水道には水路のみならず、取水施設や配水池場や浄水場も必要で、それらには当然、建築的施設が必要であり、彼らはそれらをも巧みな設計で建てている。しかし、その担当者の名がわからないことが多い。土木事業は、建築事業よりもはるかに規模も予算も大きい公共的な大事業で、多くの人々の長期間にわたる集団（途中で担当者が代わることもあるだろう）の仕事として実施されるから、特定の個人の成果としてとらえる性格のものではないし、それに土木技術者たちの奥ゆかしさとある種の美学もあってか、あまり個人の名前と関係づけて記憶ないしは記録されていないらしい。それは逆に言えば、土木技術者の組織に対する従順性と彼らの無個性にもつながる側面ももつ。しかし、無機的な構築物も個人と関係づけて考えると情が移るしドラマ性も生まれやすい。もちろん、それが理由ではなく、主として仕事の責任の所在を明確にするという理由によるものであるが、近頃は土木学会でも担当者の名前をはっきりさせようという動きもあるようだし、土木史の研究も盛んになっている。その成果が待たれるところである。それから、これはまったくの余談になるが、水に関わる施設だから許されるとして、三浦市三崎町の小網代にある国土地理院の油壷験潮場という煉瓦造の小さな建物（一八九四（明治27）年）がある。これは潮位を計るための施設で、油壷湾の入り江にあって、非常に美しい景観の構成要素となっているのだが、その設計・施工監督者は参謀本部陸地測量部三角科第一班験潮掛の「陸地測量手　柳瀬信誠」である（図7-2）。かつては、地図をつくるのは軍の仕事だった。全国のいくつかの潮位を計る施設のデータが佐立《さたち》七次郎設計の日本水準原点とつなげられるのであろう。この油壷験潮場は、まさに技術者というのは実践的でいわばオールマイティーでなければならないことを頭でっかちの凡庸な技術者によく教えてくれる施設であるが、それも、二乗、三乗、平方根、立方根を記した数表の和綴じ本『平立積商表』の著者でもある柳瀬信誠の名とともに、さらなる人間的な味わいが加わるのである。またまたついでながら、『劔岳 点の記』の主人公、柴崎芳太郎も三角科第四班の測量手であった。

ところで、日本の各都市の水道施設は、大正期から昭和初期につくられたものが多いが、水道に関わる建物は、これもまた時代の趨勢で、アール・デコ的なものが多い。それらはみな美しいと言って差し支えない。時には地元の役所の建築職の人の助力を借りたり、五章でとりあげた前橋市水道資料館(旧・敷島浄水場管理事務所)のように建築家の手を借りたりしているようだが、基本的には彼ら土木技術者の設計になるものとしてよいであろう。筆者の住む神奈川県内にも歴史的な水道施設はいくつかある。横浜の西谷浄水場(一九一五(大正4)年、国登録文化財)と野毛山配水池(一九二七(昭和2)年)、横須賀の逸見浄水場(一九一九(大正8)年頃、国登録文化財)、鎌倉の旧・鎌倉加圧ポンプ所(一九三六(昭和11)年)など、水道に関わる施設が現存していて、よき景観の構成要素となっているが、これらに関わった技術者の名前ははっきりとはしていない。西谷浄水場のデザインはクラシック、逸見浄水場は少しクラシックもしくはセセッション風。創建年からすると、野毛山配水池と旧・鎌倉加圧ポンプ所がよりアール・デコと関係がありそうである。実際、野毛山配水池の二つのドーム状の上屋は表現主義風ではあるが、周囲の柵や階段にはアール・デコのデザインが見られるし、旧・鎌倉加圧ポンプ所の玄関廻りにもアール・デコの意匠が見られる（図7-3〜8）。

日本全国の水道施設を見てまわったわけではなく、以下に述べることはほんの限られた経験からの感想にすぎない。しかも、近頃はセキュリティーの問題から、水道施設も年に何回かの決められた日しか見学できなくなっており、ふらっと行ってみるわけにはいかなくなっている。国の重要文化財になっている鳥取市の旧・美歎水源地の水道施設（一九一五（大正4）年）を、二章でとりあげた旧・鳥取県立鳥取図書館を見に行った際についでに訪ねてみたが、残念ながら修理工事中であった。鳥取の水道施設は三田善太郎（一八五五〜一九二九）の設計によるものであるが、三田は一八七八（明治11）年に東大の理学部土木工学科を卒業した近代日本の土木技術者の先駆けで、日本の上下水道事業を切り開いた横浜での貢献も大きい。ついでながら、一八八六（明治19）年に工部大学校が東京大学に統合されるまでは、土木の高等教育機関としては工部大学校と東京大学理学部工学科（後に工芸学部）の両方にあった。前者のほうがより実践的、後者のほうがより学術的だったとされているが、三田は論文を書きながら実践もやっており、両方を兼ね備えた人材だったと見られる。明治・大正期に水道事業を託し得る人材はそれほど多くはなく、三田は新潟や下関でも仕事をしている。その鳥取の旧・美歎水源地のダム（貯水池堰堤）（一九二二（大正11）年、一九一五年の堰堤は台風による洪水で崩壊、現在の堰堤を新設）であるが、これはコンクリート造らしいが、堰堤の表面は練石積であり、曲面の手摺りも備え、周囲の景観に溶け込んでいる（図7-9）。

よりアール・デコ的な意匠を示しているのが、足利市の今福浄水場のポンプ室（一九三〇（昭和5）年、国登録文化財）。これは鉄筋コンクリート造の建物であるが、大事な部分には石張りがしてあり、単なるポンプ室ではないある種の記念碑性が施されている（図7-10）。矩形のプランの隅は丸くなっているし、窓の上端部も丸くなっている。正面玄関の入り口上部は優雅に突出しているし、柱形の柱頭には左右に幾何学的な装飾が見られる（図7-11）。それに珍しいのは、正面の腰壁の柱形の前面に上部が円形で三段に突出する橋の束柱のような装飾が見られることである（図7-12）。このユニークさを見ても、おそらくこの建物は土木技術者の設計になるものではないかと思わせる。これらは、セセッションとも評されようが、建物の全体の隅が丸いことや、柱頭の装飾や、この腰壁の装飾はやはりアール・デコと呼ぶ方がぴったりする。足利市の水道施設は米元晋一（一八八八〜一九六四）の指導の下に、技師の中島貞一郎と技手の中谷繁治が担当したとされるが、この今福浄水場のポンプ室の設計は主として中島によるものであろうか。とても土木技術者の手になるものとは思えぬ出来栄えである。足利市内には、同年に竣工したもう一つの水道施設、緑町配水場（一九三〇（昭和5）年、国登録文化財）があって、ここにもいくつかの建物が見られるが、なかでも配水池の隅に建てられている石造の小さな塔（照明塔か）が、典型的なアール・デコで、これもすばらしい（図7-13）。この緑町配水場の正門の門柱もアール・デコで、その頂部のデザインと、正門に至る坂道に設けられた手摺りのデザインを並べてみたのが図7-14と図7-15である。つまり、これらは同じような造形感覚でつくられた構築物ということになる。ついでながら、米元晋一は東大・土木の出身で、後述の東京の駒沢給水所の設計者で、日本の近代上下水道の父とも称される中島鋭治（一八五八〜一九二五）の門下生であり、妻木頼黄が橋の上部を設計したとされる日本橋の橋自体の設計者としても知られる。米元を、日本橋の親柱はともかく、欄干の多くの部分の実施的な設計者としたい気もする。

その中島鋭治が設計したとされる駒沢給水所には、大正末期から昭和初期に建てられたいくつかの施設が残されており、それらは土木技術者もまたクラシックな意匠からアール・デコ的なものへと歩みを進めていった軌跡を示していて、はなはだ興味深い。駒沢給水所はもともと当時の東京市渋谷町の水道施設であった。現在は常時は使われてはいないようだが、非常時の水道施設として現役である。そのいくつかの施設というのが、二つの配水塔（一九二三（大正12）年）、量水器室（一九二三（大正12）年）、上水道布設記念碑（一九二七（昭和2）年）、第一配水ポンプ室（一九三三（昭和8）年）である。

配水塔は、二十五メートル離れて建つ高さ二十三メートルの鉄筋コンクリート造の円筒形の塔二つを鉄骨のトラス橋でつなぐという非常に印象的なもので、景観的にも他を圧倒している（図7－16・17）。この造形的細部意匠は、基本的にはクラシックなものによっているが、付柱の柱頭装飾が雷文であること、また基壇へ上がるための階段の基部の石に彫られた装飾が正方形を並べたものであることで、アール・デコへの流れを示しているのが注目される（図7－18）。水道配水塔は高いせいもあって目立ち、最近は各地の配水塔が調査され始めているようだが、半ばは鉄造であるらしく、鉄造のアール・デコというのはあまりないし、鉄筋コンクリート造の水道配水塔も、たとえば水戸市の水道低区配水塔（一九三二（昭和7）年、国登録文化財）も見たが、その造形細部は基本的にクラシック（図7－19）。そうした中では、この駒沢の配水塔はユニーク。

量水器室も、配水塔とほぼ同様な傾向を示す（図7－20）。上水道布設記念碑もまた、同様な傾向を示し、前面の水盤の側面にも雷文が見られる。また、随所に胡麻殻決り風の縦溝が見られるし、塔の頂部付近の三角柱を並べた帯装飾も見られ、より幾何学的なアール・デコの傾向を示す（図7－21・22）。そしてそれが第一配水ポンプ室に至ると、まさにアール・デコそのものの造形を示すのである（図7－23）。すなわち、まったく幾何学的な立体で繰形を一切持たずに構成された玄関部分の造形がそうであるし、内部のクレーンを動かすためのI型鋼を支える持送りがそうである（図7-24・25・26）。とりわけ、後者の持送りは、側面から見るとギザギザの装飾をもち、正面端部には八角形の組み紐模様風の装飾（イスラム風とも見られる）が施されていて、これぞアール・デコという姿を示している。この正面端部の装飾は、一部の窓にも同じものが使われている（図7-27）。

これらの施設に関わった土木技術者だが、中島鋭治の顧問の下に、仲田聰治郎が主任技師、吉田篤三が技手として関わったことが、配水塔の外壁に一つは邦語、一つは英文で彫られた銘板がはめられているのでわかる。中島鋭治は、一八五八（安政5）年に仙台に生まれ、三田善太郎と同じく東大理学部土木を一八八三（明治16）年に卒業している。東京における上下水道の敷設に多大な貢献をしており、長く東大の教授も務めた。一八八七（明治20）年から三年間の留学期間を経ているが、これは十九世紀末のことである。仲田聰治郎は若くして東京市水道局に入っているが、土木学会誌に論文も発表しており、刻苦勉励の人であったと思われる。彼の生年は一八八〇年代と考えられており、いわば建築家でいえばアール・デコの世代の人ということになる。これらを総合的に考えると、配水塔と量水器室は中島鋭治の指導下に仲田聰治郎がデザインし、中島は一九二五（大正14）年に亡くなっているから、第一配水ポンプ室は仲田の設計によるものと考えたい。

いずれにしても、土木技術者も時代の流れとともに土木事業の付属施設を、建築家に劣らず巧みな造形感覚で設計してきたということがいえるであろう。あるいはまた、幾何学的で単純な造形を繰り返してつくるアール・デコは彼らになじみが深かったかもしれず、アール・デコは彼らにぴったりの造形であったともいえるのである。

図7-1　佐古配水場ポンプ場(徳島市)　1926年の竣工だが、煉瓦造。ただし小屋組は鉄骨トラス。

図7-2　**油壷験潮場（三浦市）**　2棟あるが、左がいまは使われていないもとのもので、右が1997年に建てられた現役の施設。

図7-3　**西谷浄水場(横浜市)**　濾過池整水室上屋と呼ばれる煉瓦造の数棟の建物が整然と並んでいる。

図7-4　逸見浄水場(横須賀市)　緩速濾過池調整室と呼ばれる鉄筋コンクリート造の建物がいくつか見られる。

図7-5　野毛山配水池(横浜市)　ドーム状の印象的な建物が見られる。いまは配水池としては使われていないという。

図7-6　**野毛山配水池**　正面入り口。門柱も中の施設も石張り。アーチ形にした張り方も見られる。

図7-7　**野毛山配水池**　塀の上部の隅飾りであるが、まさにアール・デコ。

図7-8　旧・鎌倉加圧ポンプ所(鎌倉市)　背後の小高い山に水を上げるポンプの収容施設。玄関部分にアール・デコのデザインが見られる。

図7-9　**旧・美歎水源地のダム（鳥取市）**　いまは水道施設としては使われていないようだが、練石積でもあり、丸い部分もあって穏やかな感じがする。

図7-10　**今福浄水場ポンプ室　外観(足利市)**　窓の上枠の左右は丸くなっており、中央の入り口部分は引っ込みつつ、庇は曲面で突出している。動的な感じがする。

図7-11　**今福浄水場ポンプ室　外観細部**　柱形の柱頭部の装飾。非常に単純明快な形。

図7-12　**今福浄水場ポンプ室　外観細部**　柱形の下部の装飾。これも単純明快な形だが、この位置にあるのが珍しい。

図7-13　**緑町配水場　細部（足利市）**　配水池の隅から立ち上がる小さな塔。照明塔か。石の造作はアール・デコ。

図7-14　**緑町配水場　門柱細部**　頂部の曲尺形の石に注目。

図7-15　**緑町配水場に至るアプローチの手摺り**　これはコンクリート製の擬石であるが、門柱頂部と似たような形をしている。

図7-16　**駒沢給水所　配水塔（東京都）**　大きな円筒形の塔が二つあり、高架橋で結ばれている。

図7-17　**駒沢給水所　配水塔**　柱形の頂部には球形の飾りがある。同様のものが高架橋にもある。

図7-18　**駒沢給水所　配水塔細部**　柱形の柱頭部の装飾。雷文(メアンダー)と、トリグリフを思わせる溝彫りのあるプレートからなる。

図7-19　**水戸市水道低区配水塔**　なんとなくユーモラスな感じがして、建築家の仕事ではないような気がする。

図7-20 **駒沢給水所　量水器室(東京都)**　小規模だが、造形的に整っている。基礎石には溝彫りが見られる。

図7-21　駒沢給水所　上水道布設記念碑　池を前面にして立つ造形的にはかなり力の入った記念碑。

図7-22　駒沢給水所　上水道布設記念碑　池の中の壷状飾りで、側面にやはり雷文（メアンダー）が見られる。

図7-23　**駒沢給水所　第一配水ポンプ室　外観**　駒沢給水所の中では最もモダンで、アール・デコ的な建物。

図7-24　**駒沢給水所　第一配水ポンプ室　外観細部**　入り口廻りの細部。矩形の部材が重なるが、繰形は一切なく輪郭は非常にシャープ。

図7-25　駒沢給水所　第一配水ポンプ室　内部詳細　クレーンのレールを支える持送り。典型的なアール・デコ。

図7-26　駒沢給水所　第一配水ポンプ室　内部詳細　持送りを正面から見たところ。曲線による八角形。

図7-27　**駒沢給水所　第一配水ポンプ室　内部詳細**　同じ曲線による八角形の装飾が窓にも見られる。

橋の親柱とアール・デコ

橋は、土木技術者がつくるもののうちで、人々が最もよく接するものであり、景観形成物としても最も重要な位置を占めるものであろう。今日でこそ、橋をかけることは技術的にそれほど難しいわけではないけれども、かつてはそれほど長大でなくても大変だった。架橋は大事業であり、できあがった橋は実際に大きな働きをしたのみならず、存在そのものとしても記念碑的で象徴的なものとなった。少し気取って言えば、橋は二つの異なった世界をつなぐものであり、またつなげることによって二つの世界の異界性を際立たせるものでもあった。橋は結合と分断を表現するとも言える。つまり、異界との境界、結界としての橋である。古事記では天と地の境目にあるのは天の浮橋であるし、仏教でいう三途の川にも橋はある。能の橋掛かりも演劇的異界へといざなう通路であり、劇中の亡霊が現われ消える接点であった。また、橋のたもとで吉凶を占う橋占《はしうら》という俗信がかつてはあったが、これも橋が特殊な場所だったからであろう。というわけで、橋はある種の特別の場所であり、橋をかけることは大事業でもあったから、橋の外観には特段の配慮がなされた。もちろん鉄骨造の橋であれ、鉄筋コンクリート造の橋であれ、構造自体の外観が最も重要なものであったが、構造とは直接に関係するわけではない高欄にも格別の配慮がなされた。その高欄の中心的な部分であり、先述の結界のシンボル的な存在が親柱である。この章では、親柱に見られるアール・デコを見てみたい。

現に、日本近代の代表的な橋梁技術者の一人である樺島正義（一八七八〜一九四九）も「橋の諸構造の中高欄廻り程橋の外観を引き立たせるものは無からう高欄廻りを欠ける橋梁は縁の無い額と同様如何に橋臺自身が勝れた姿でも其美観の大半は消失するものと覺悟せねばならぬ橋上高欄の側面美を支配し親柱と袖高欄は橋の左右を成して橋梁の正面美に至大なる影響を持つて居る」と書いているという（中井祐『近代日本の橋梁デザイン思想』東京大学出版会、2005年）。もっとも、これは一九一五（大正4）年に書かれた文章らしく、少し後の土木技術者たちの発言はいくぶんかは異なっている。すなわち、一九二四（大正13）年に、関東大震災後の帝都復興事業の土木部門の統括者であった太田圓三（一八八一〜一九二六）は、「道路橋としての必要条件は成るべく、水路を妨ぐることなくして、完全に街路を通するを以て足れりとするのである。從って此の必要条件のみから見れば外觀の如何は問ふ事を要しない理である。去りながら橋梁は其設計宜敷を得るときは、構造物其れ自身をして、自ら一種の美観を具備せしむることが出来る」と言っており（中井祐、前掲書）、やはり帝都復興事業で多くの橋を設計した成瀬勝武（一八九六〜一九七六）は一九二八（昭和3）年に、「如何なる手法を以て橋梁美を取扱ふべきかと言ふ問題に立ち返れば、それは構造の機能を明示し、そして構造に忠實であることを第一とし、構造の各分化は相融合して一の顯然たる通相を創造するのを第二とし、装飾的橋梁が美しい橋梁であると言ふやうな誤謬を棄てなければならない。そして空間に築造せられたる橋梁の持つべき表現を約言すれば、總ての橋梁は十分目的に適つてゐる構造を有すると共に、其の構造は表現に於ても亦充分目的に適へる美を有するべきである」と書いているから（中井祐、前掲書）、土木はもともと機能主義的傾向が強いのかもしれないが、この時期、土木も建築と同様にモダニズムの傾向を強めていたことが類推される。余談になるが、太田圓三は詩人・医学者の木下杢太郎（一八八五〜一九四五、本名太田正雄）の兄であり、杢太郎の妻正子は建築家の河合浩蔵（一八五六〜一九三四）の娘である。杢太郎の姉きんが河合浩蔵の後妻であり、正子は浩蔵の先妻の娘だという。また、杢太郎は多くの水彩画を残しており、圓三は文学に堪能であり、建築家との交流もあったとされている。

アール・デコの橋の親柱といっても、もちろん全国津々浦々にあるが、まずここでは筆者が集中的に見た横浜の震災復興期の橋の親柱を紹介したい。『横浜復興誌　第二編』（横浜市、1932年）によれば、「震災當時本市橋梁は鐵橋三五、コンクリート及石橋一六、木橋二〇三」であったが（大正期までは大半が木造の橋だった）、「這回の震火災の爲木橋は殆ど焼失し、鐵橋も橋面木造の部分は焼け、鐵桁も焼け曲りたるもの多く、橋臺は崩壊沈下又は辷出し、橋脚も沈下傾斜等の爲鐵橋は或は滑動し或は墜落する」などして、一部は改築もしくは修築ですんだらしいが、大半は新設されている。改築・修築も含めた新設の総数、百七十八で、その内、国の復興局が実施したものが三十七（鉄橋三十、鉄筋コンクリート橋七）で、残り百四十一（鉄橋百、鉄筋コンクリート橋四、木橋三十一、土橋六）が横浜市の実施ということになる。この時期に新設された主だった橋の親柱が、『横浜復興誌　第二編』に「市内橋梁親柱意匠抜萃」として掲載されているので、それをここに掲げる（図8-1・2）。これらは、みなアール・デコとしてよいと思われるが、これらの多くは現存しており、橋自体が架け変えられた後も、保存もしくは復原されており、復原の際にも当初材を使うなどの配慮がなされているようなので、架け替えの事実も記してそれらも含めて、ここにアール・デコと注目されるものを当初の竣工年順に示したい。

国の復興局が実施したものとしては、吉野橋（一九二六（大正15）年十月）、西之橋（一九二六（大正15）年十一月、横浜市認定歴史的建造物）、長者橋（一九二八（昭和3）年一月）、都橋（一九二八（昭和3）年七月、一九八三年架け替え）、宮川橋（一九二九（昭和4）年一月）、高島橋（一九二九（昭和4）年一月）、横浜市が実施したものとしては、亀之橋（一九二六（大正15）年十月、一九八七年架け替え）、中村橋（一九二六（大正15）年十一月、二〇〇七年架け替え）、東橋（一九二七（昭和2）年四月、一九八八年架け替え）、谷戸橋（一九二七（昭和2）年七月、横浜市認定歴史的建造物）、車橋（一九二七（昭和2）年九月、一九八九年架け替え）、翁橋（一九二七（昭和2）年十二月、一九八七年架け替え）、浅山橋（一九二八（昭和3）年三月）、西平沼橋（一九二八（昭和3）年三月）、八幡橋（一九二八（昭和3）年三月）、万代橋（一九二八（昭和3）年九月、二〇〇二年架け替え）、万里橋（一九二九（昭和4）年二月）、池下橋（『横浜復興誌第二編』に記述はあるが、竣工年が書いてない、一九九一年架け替え）があげられる。また、同じく横浜市が実施したもので、親柱が移築されて横浜市立港中学校の門柱として使われている旧・花園橋（一九二八（昭和3）年五月、国登録文化財）もここに加えておこう（図8-3〜21）。

さて、これらの親柱の特徴であるが、いずれも石張りもしくは石造であり、頂部に照明器具等の金属製の飾りが載っている。おおむね復興局が実施したもののほうが石の部分の高さが低く、また石の細工も複雑でないような傾向があり、その分、逆に頂部の金属飾りが華やかな感じがする。西之橋が最もシンプルなものと言ってよく、高島橋もシンプルではあるが、上部が突出しているのが異なる。また、宮川橋もシンプルではあるが、その側面にアール・デコ特有の線刻がしてあり、ユニーク。石の立体的な組み合わせによる構成と言ってよいのが、亀之橋、翁橋、万代橋、浅山橋、西平沼橋、谷戸橋、都橋、池下橋、東橋、花園橋で、その構成の複雑さの度合いは、おおむねこの順に後へいくほど複雑になっていくという印象。とりわけ、池下橋は一つの面が三角になっており、鋭角的な感じがしてユニーク。車橋は柱が円柱になっており、その円柱と呼応するように高欄の側面にも円弧が連続している。万里橋も柱が円柱になっており、その簡略版が長者橋ということになる。そして、全体として最も印象的なのが八幡橋で、これは柱の側面に楕円を重ねた装飾が見られる。また中村橋もまたシンプルながら独特で表現主義風。柱の頂部が三角形で、側面には楕円の装飾がついている。

ついでに、右にあげたものよりもずっと素朴で規模も小さいが、アール・デコの親柱の原形とも基本形ともいえるものを参考までにあげておこう。国実施の黄金橋（一九二八（昭和3）年四月）、旭橋（一九二八（昭和3）年九月）、横浜市実施の綿花橋（一九二七（昭和2）年七月、一九五七年架け替え）、石崎橋（一九二八（昭和3）年八月）であるが、これらとて単純な四角い立体の隅や側面や上面になんらかの簡単な装飾的操作が施されているのである（図8-22〜25）。

さて、これらのデザインをしたのは、復興局の場合は復興局横浜出張所の土木技術者であろうが、横浜市の場合は土木局の技師・技手であろう。ちなみに、『大正十五年十月一日現在横濱市職員録』をはじめ昭和初期までの職員録には土木局の「囑託　橋梁ニ關スル事務」として樺島正義と田中豊の二人の名が記されている。樺島についてはすでに書いたが、田中豊（一八八八〜一九六四）は、太田圓三とともに復興院にいて、後に内務省復興局技師と東大教授を兼務したやはり著名な橋梁技術者である。あるいはまた、横浜市の土木局第一道路課の技師には、後に橋梁の専門家として名を成す井関正雄（一九二三（大正12）年東大卒）がいるから、こうした人たちが中心になってデザインしたのであろう。また横浜市建築課の建築職の職員の助力を得た可能性も大いにありうるが、最終的な形を決めたのは土木局の土木技術者であろうから、彼らのデザイン力や恐るべしということになる。

最後に、横浜以外のものも少しあげておくが、以下のものはたまたま見たものにすぎない。まず、佐賀の築地反射炉跡を見に行った際に通った佐賀市の天祐寺橋（「昭和八年五月竣功」とプレートに彫ってある）は、少しもモニュメンタルではないし、見落としてしまいそうな小さな橋であるが、その親柱は単純で典型的なアール・デコで、こうしたものならどこにでもあると思われるに違いないからとりあげた（図8-26）。もう少し記念碑的で立派なものをあげると、これもまた足利の今福浄水場を見に行った際にたまたま通った橋だが、足利市の渡良瀬川にかかる中橋（「昭和十一年七月竣功」と書いたプレートがある）である（図8-27）。これも比較的シンプルではあるが、低い方の親柱の頂部は四方が丸くなっており、照明器具をつけた高い方の親柱は八角形である。この中橋の設計者は、浜田秀雄という工学士だという。ついでながら、この浜田秀雄は、その著書『契丹秘史と瀬戸内の邪馬台国』（新国民社、1977）で、邪馬台国を四国西北・九州東北部とし、卑弥呼の館は松山にあったという説を唱えた異色の古代史家と同一人物であろう。その著書の著者略歴によると、一九〇六（明治39）年の香川県生まれ（邪馬台国四国説も郷土愛のしからしむるところか）、一九三〇（昭和5）年東大工学部土木工学科卒、「現在社団法人栃木県建設コンサルタント理事長　宇都宮在住」とある。さらに、もっと立派な親柱なら、名古屋の堀川にかかる岩井橋（一九二三（大正12）年）があり、その設計は樺島正義の東大における二年後輩で米国留学も同時期だった関場茂樹（一八七六〜一九四二）による。ただし、この親柱のデザインは、当時名古屋高等工業校長であった武田五一によるものだとされているが、関場自身も、その構造の鉄鋼のアーチ橋の側面にエッフェル塔のものによく似た蕨手模様の装飾を施しているから、土木技術者自身も装飾的なデザインを行っていることがわかる。

それが証拠に、樺島や関場の東大そして米国留学ともに後輩の道を歩み、多くの橋梁の設計者として知られる増田淳（一八八三〜一九四七）の設計図面が近頃、土木研究所で発見されたようだが、その図面資料の中には、徳島の吉野川橋の親柱の立派な立面図が含まれている（福井次郎「橋梁設計技術者・増田淳の足跡」土木史研究論文集、vol.23,2004）。所蔵資料にあるからといって本人が描いたとは必ずしも言えないかもしれないが、おそらく増田自身もこうした図面は描けたであろう。ちなみに、吉野川橋自体は存続しているが、この当初の親柱は現存しないらしい。これもまた橋自体は架け変えられて現存しないが、その親柱が公園に移築されて現存している多摩川にかかる旧・六郷橋（一九二五（大正14）年）の親柱があり、旧・六郷橋の設計は増田淳とされている(図8‐28・29)。その親柱を見ても、増田自身が親柱自体も設計している可能性は高いものと思われる。その親柱の移築された場所だが、東京側は京浜急行「六郷土手」駅近くの宮本台緑地、川崎側は川崎市役所近くの稲毛公園である。そしてその親柱の造形は、柱の上にクラシックな壷状飾り(アーン)があるけれども、それを除けばアール・デコであり、親柱ではない通常の束柱もアール・デコである。ついでながら、上述の六郷橋は道路橋であるが、五章で述べた野田俊彦が「建築非芸術論」の中で称賛している「六郷川の鐵道の鐵橋」は、東海道線の鉄道の六郷川鉄橋(一九一二(明治45)年)である。その設計は太田圓三であるが、その鉄橋も架け替えられた。それに、そもそも鉄道橋には道路橋のような親柱がない。

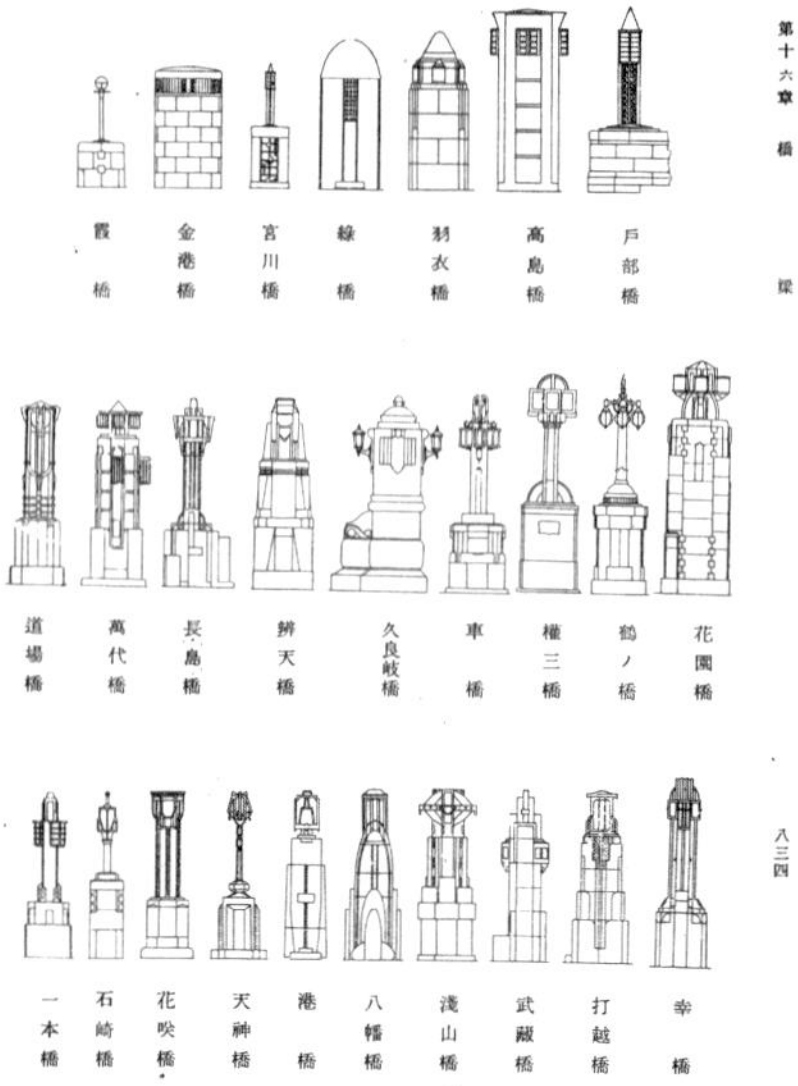

図8-1 **『横浜復興誌　第二編』掲載の図版**　「市内橋梁親柱意匠抜萃」とある。見開きの頁の右側。26例が掲載されている。

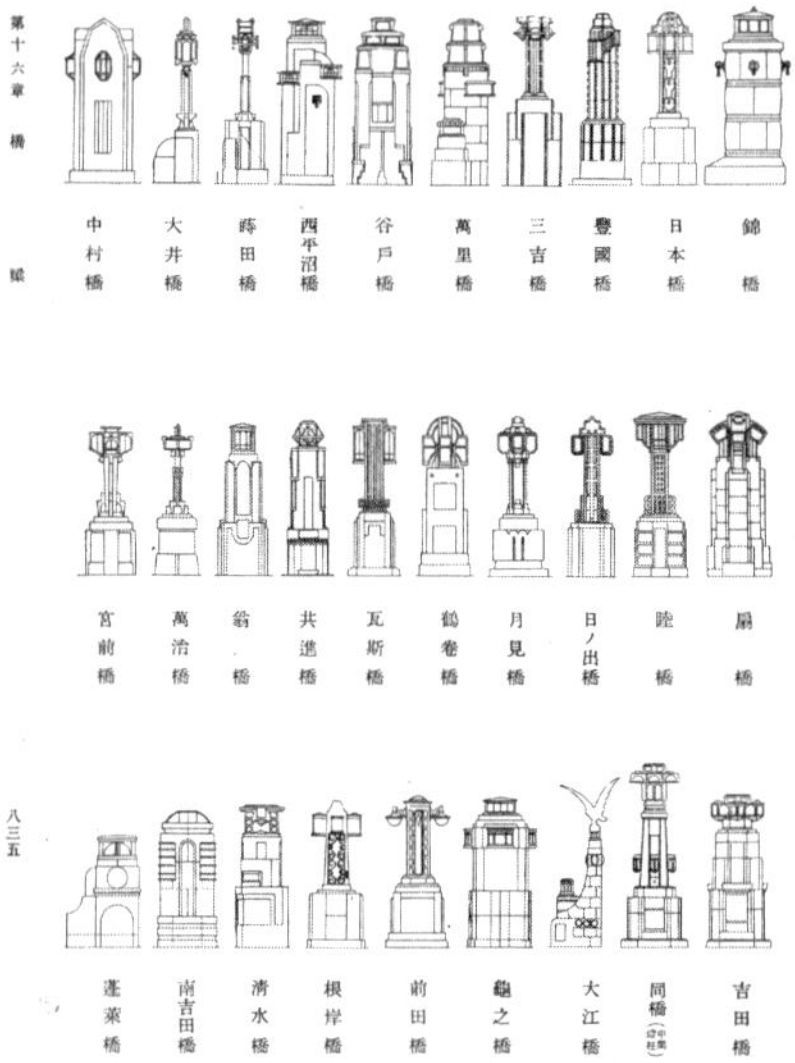

図8-2 **『横浜復興誌　第二編』掲載の図版**　「市内橋梁親柱意匠抜萃」とある。見開きの頁の左側。29例が掲載されている。

図8-3　**吉野橋**　石の部分の上部がテーパー状になっている。また、側面には同形の少し小さいものが突出している。

図8-4　**西之橋**　単純明快な造形。ただし角は丸くなっていて柔らかな感じがする。

図8-5　**長者橋**　照明器具は派手だが、石の部分は堅実。ただし柱は円い。

図8-6　**都橋**　上に行くにつれて大きな面取りがしてあるが、基本的にあまり凹凸感はない。

図8-7　**宮川橋**　シンプルな親柱であるが、側面に典型的なアール・デコの線刻が見られる。

図8-8　**高島橋**　単純な形であるが、頂部が張りだしているのがユニーク。

図8-9　**亀之橋**　基本的には単純な形からなるが、中間で少し沈み、上でまた突出するという形をとる。

図8-10　**中村橋**
表現主義風ともいうべきユニークな親柱。ダイヤ形の張り石が印象的。

図8-11　東橋　やや複雑な立体の組み合わせ。中間に見られる胡麻殻決り風の溝彫りがポイント。

図8-12　谷戸橋
石の部分と上の照明部分が造形的に連動しており、かなり造形に力が注がれたものと見なされる。

図8-13　**車橋**　親柱と欄干の形と嵌め込まれた金属細工とが相互に結びついたユニークな橋の高欄。

図8-14　**翁橋**　都橋に似ているが、こちらのほうがより立体的。

図8-15　**浅山橋**
大部分が八角形から構成されていて、動きがある。

図8-16　**西平沼橋**
基本的には立体の組み合わせだが、曲面の部分もあり、照明器具もあちこちに付けられていて独特。

図8-17　**八幡橋**
規模はそれほど大きくはないが、楕円形が幾重にも重なって独特の外観を示す。

図8-18　**万代橋**
都橋、翁橋と同じ仲間のものと見られるが、わずかに円形も見られる。

図8-19　**万里橋**
円形をモチーフとしたもので、下部は三段に突出しており、少し動的な感じがする。

図8-20　**池下橋**
一つの面が三角になって突出しており、非常にダイナミックな印象を与える。

図8-21　旧・花園橋　丸いところもあり、四角いところもありで、かなり複雑な造形。文字通り堂々とした記念碑的な親柱。

図8-22　黄金橋
シンプルな形であるが、頂部が傘のような形をしている。一部は擬石仕上げか。

図8-23 **旭橋** 側面の樽形の窪みを除いて、非常にシンプル。

図8-24 **綿花橋** 丸いところもあるが、単純明快な形。

図8-25　石崎橋　隅に正方形の装飾があるが、基本的にはシンプル。

図8-26　天祐寺橋（佐賀市）　面取りは二つの凹面で、上部に円筒形の突出部がある。

図8-27 中橋(足利市) 八角形の上部の先が少し細くなっていて、そこに照明器具がとりつけてある。

図8-28 旧・六郷橋(東京都大田区の宮本台緑地) 親柱は上部に壺状の置物を備えて豪華。背後の鉄骨がゲート部分の部材。

図8-29　**旧・六郷橋**　高欄の中間の柱。これはアール・デコといってよいであろう。

あとがき

この本は、アール・デコの時代を生きた建築家や土木技術者の物語である。みなそれぞれに、与えられた運命に乗ってであれ抗してであれ、大きな足跡を残している。若いころ、土木の人は組織的で従順、建築の人は個人的で反抗的な傾向があるという話を洩れ聞いたことがある。この風評は、土木よりも個人的で創造的な仕事に携わるのだという建築側の矜持の表現ではあるが、土木が建築のおよびもつかない巨大な費用で大きな仕事をなしとげることに対するやっかみもあったかもしれない。近頃は日本のインフラもかなり整ってきて、新築よりも修改築の時期にきているせいもあって、土木史の研究も盛んになっているらしい。土木も建築も似たような状況になってきたのだろう。それにこの本にとりあげた建築家のみならず、土木技術者もみな、創造的で驚くほどの博識と多彩さを示している。六章でとりあげた金森誠之は、土木を「地球芸術」と言っていたというし、建設会社の「地図に残る仕事」というキャッチコピーもあった。土木技術者も十分にクリエイティヴであるし、この本でとりあげた水道の施設や橋の高欄の設計は、土木と建築の両方の技術者の成果だというから、そうした施設がつくり出す景観は双方からの贈り物ということになる。

「物語」という便利なタイトルで、なんでもかんでも入れてしまったという感がなきにしもあらずだが、そこに流れているのは、今日まで残されてきたすばらしい大正・昭和初期の景観を、誰がなにを思ってつくったかという問いである。そしてその答えは、建築家も土木技術者も結局は大きな時代の流れの下で同じように仕事をしたということである。そういう書き方をすると、所詮は時代だというあきらめと詠嘆の言葉になってしまうが、人はみな、その大きな時代の流れの中で、それぞれ小さな物語を生きる。しかし、その小さな物語は時に人の心を強く打つ。この本を読んで、その小さな物語の包蔵する豊かな内実の一端にでも触れていただければ、大変うれしい。

王国社の山岸久夫氏から日本のアール・デコの三冊目のお誘いを受けて、以前の本にとりあげそこねた建築家や、前から気になっていた水道施設や橋を調べてみた。おかげで、またあちこちを旅行する機会を与えてもらった。駒沢給水所については、東京都水道局建設部の駒沢給水所既存施設修復検討委員会の報告書も見せていただいた。記して感謝したい。この三冊目の『日本のアール・デコ建築物語』というタイトルをつけて下さったのも、ソウルの三一大路の名の由来を教えて下さったのも山岸氏である。山岸氏は、この本の五章でも少し触れた日本建築学会の討論会「我国将来の建築様式を如何にすべきや」(一九一〇(明治43)年)を日清・日露戦争勝利(一応の)との関連でとらえるべきだという意味のことをある時言われたが、まさにこの様式論争のみならず、「建築非芸術論」も分離派建築会の結成も、大きくはこうした流れの下で考えるべきなのであろう。しかし、これは筆者にとっては大きすぎる問いであり、いまの時代の趨勢とあわせてじっくりと考えていきたいと思う。

二〇一六年十一月

吉田鋼市

図版掲載物の所在地一覧

◉木子七郎

——関西日仏学館と大阪府立夕陽丘高校清香会館と松山大学温山記念会館

• 萬翠荘（国重要文化財） 1922年 松山市一番町3-3-7
• 旧・石崎汽船本社ビル（国登録文化財） 1925年 松山市三津1-4-9（非公開）
• 鍵谷カナ頌功堂（国登録文化財） 1929年 松山市西垣生町1253
• 愛媛県庁舎 1929年 松山市一番町4-4-2
• 北堀江病院 1929年 大阪市天王寺区北堀江1-10-6
• 琴ノ浦温山荘園 1915年 和歌山県海南市船尾370
• 旧・内藤多仲邸（早稲田大学内藤多仲博士記念館） 1926年 東京都新宿区若松町22-8（非公開）
• 松山大学温山記念会館 1928年 兵庫県西宮市甲子園口1-12-31（非公開）
• 大阪府立夕陽丘高校清香会館 1934年 大阪市天王寺区北山町10-10（非公開）
• 関西日仏学館（現・アンスティチュ・フランセ関西—京都） 1936年 京都市左京区吉田泉殿町8

◉置塩章

——旧・兵庫県信用組合連合会と旧・鳥取県立鳥取図書館と旧・加古川町公会堂

• 旧・大阪砲兵工廠化学分析場 1919年 大阪市中央区大阪城3-30（非公開）
• 旧・尼崎警察署 1925年 兵庫県尼崎市北城内48-4（非公開）
• 芦屋警察署 1926年 兵庫県芦屋市公光町6-7
• 神戸市立海外移住と文化の交流センター 1928年 神戸市中央区山本通3-19-8
• 神戸韓国領事館 1929年 神戸市中央区山手通2-21-5（非公開）
• 旧・鳥取県立鳥取図書館 1930年 鳥取市西町3-202
• 加古川図書館 1935年 兵庫県加古川市加古川町木村226-1
• 茨城県庁三の丸庁舎（旧・茨城県庁本庁舎） 1930年 水戸市三の丸1-5-38
• 宮崎県庁舎 1931年 宮崎市橘通東2-10-1
• 三田学園記念図書館（国登録文化財） 1937年 兵庫県三田市南が丘2-13-65

◉金重業と横浜高等工業の痕跡

• 国連（UN）墓地正門 1966年 釜山市南区平和路93
• 済州大学本館 1964年 済州市我羅1洞
• 旧・蘇産婦人科医院 1966年 ソウル市中区退渓路349
• オリンピック公園 世界平和の門 1989年 ソウル市松坡区芳荑洞88

- 建国大学言語教育院　1956年　ソウル市広津区陵洞路120
- 釜山大学人文館　1956年　釜山市金井区長箭洞山30
- 金重業博物館　1959年　安養市万啞安区石水洞　安養芸術公園内

◉いわゆる構造派とアール・デコ
――野田俊彦と「建築非芸術論」と前橋市水道資料館

- 徳島県立文書館（旧・徳島県庁舎）　1930年　徳島市八万町向寺山　文化の森総合公園内
- 山梨県庁舎別館（旧・山梨県庁舎本館、山梨県指定文化財）　1930年　甲府市丸の内1-6-1
- 浴風会本館（東京都選定歴史的建造物）　1927年　東京都杉並区高井戸西1-12-1
- 前橋市水道資料館（国登録文化財）　1929年　前橋市敷島町216

◉土木技術者とアール・デコ
――阿部美樹志と金森誠之

- 東京建物本社ビル　1929年　東京都中央区八重洲1-9-9
- 佐賀県庁舎　1950年　佐賀市城内1-1-59
- 川崎河港水門（国登録文化財）　1928年　川崎市川崎区港町66地先
- 六郷水門　1931年　東京都大田区南六郷2-35

◉水道施設とアール・デコ

- 佐古配水場ポンプ場（国登録文化財）　1926年　徳島市南佐古6-3-11
- 油壷験潮場　1894年　神奈川県三浦市三崎町大字小網代字城ノ内先
- 西谷浄水場（国登録文化財）　1915年　横浜市保土ヶ谷区川島町522
- 逸見浄水場（国登録文化財）　1919年　横須賀市西逸見町2-10
- 野毛山配水池　1927年　横浜市西区老松町　野毛山公園内（非公開）
- 旧・鎌倉加圧ポンプ所　1936年　鎌倉市長谷4-527-1（非公開）
- 旧・美歎水源地のダム（水道施設は国重要文化財）　1922年　鳥取県岩美郡国府町大字美歎
- 今福浄水場ポンプ室（国登録文化財）　1930年　栃木県足利市今福545（非公開）
- 緑町配水場（国登録文化財）　1930年　栃木県足利市緑町1-3780（非公開）
- 駒沢給水所　1923年～1933年　東京都世田谷区弦巻2―41-5（非公開）
- 水戸市水道低区配水塔（国登録文化財）　1932年　水戸市北見町2-11

◉橋の親柱とアール・デコ

- 吉野橋親柱　1926年　横浜市南区吉野町5丁目～宮元町1丁目
- 西之橋親柱（橋は横浜市認定歴史的建造物）　1926年　横浜市中区元町5丁目～山下町
- 長者橋親柱　1928年　横浜市中区長者町9丁目～日ノ出町1丁目
- 都橋親柱　1928年（1983年改築復原）　横浜市中区野毛1丁目～吉田町
- 宮川橋親柱　1929年　横浜市中区宮川町1丁目～福富町西通
- 高島橋親柱　1929年　横浜市西区高島町2丁目～平沼1丁目
- 亀之橋親柱　1926年（1987年改築復原）　横浜市中区石川町2丁目～吉浜町
- 中村橋親柱　1926年（2007年改築復原）　横浜市南区中村町4丁目～睦町1丁目
- 東橋親柱　1927年（1988年改築復原）　横浜市南区中村町1丁目～万世町1丁目
- 谷戸橋親柱（橋は横浜市認定歴史的建造物）　1927年　横浜市中区山下町～元町1丁目
- 車橋親柱　1927年（1989年改築復原）　横浜市中区長者町1丁目～石川町5丁目
- 翁橋親柱　1927年（1987年改築復原）横浜市中区寿町4丁目～石川町5丁目
- 浅山橋親柱　1928年　横浜市西区高島町2丁目～平沼1丁目
- 西平沼橋親柱　1928年　横浜市西区平沼1丁目～戸部本町
- 八幡橋親柱　1928年　横浜市磯子区中浜町～原町
- 万代橋親柱　1928年（2002年改築復原）　横浜市神奈川区栄町～山内町
- 万里橋親柱　1929年　横浜市西区高島町2丁目
- 池下橋親柱　竣工年不明（1991年改築復原）　横浜市南区浦舟町5丁目～中村町4丁目
- 旧・花園橋親柱（国登録文化財）　1928年（1973年移築）　横浜市中区山下町241
- 黄金橋親柱　1928年　横浜市中区日ノ出町2丁目～末吉町1丁目
- 旭橋親柱　1928年　横浜市中区黄金町1丁目～末吉町2丁目
- 綿花橋親柱　1927年（1957年改築復原）　横浜市神奈川区神奈川1丁目～栄町
- 石崎橋親柱　1928年　横浜市西区平沼1丁目～桜木町7丁目
- 天祐寺橋親柱　1933年　佐賀市道祖元町～西田代1丁目
- 中橋親柱　1936年　栃木県足利市通2丁目～田中町
- 旧・六郷橋親柱　1925年（2002年移築）　東京都大田区仲六郷4丁目の宮本台緑地内および川崎市宮本町の稲毛公園内

吉田鋼市（よしだ　こういち）

1947年、兵庫県姫路市生まれ。

1970年、横浜国立大学工学部建築学科卒業。

1977年、京都大学大学院建築学専攻博士課程単位取得退学。

1973～75年、エコール・デ・ボザールU.P.6および古建築歴史・保存高等研究センター在学（仏政府給費留学生）。

横浜国立大学教授、同大学院教授を経て現在、同大学名誉教授。工学博士。

著書　『日本のアール・デコの建築家』（王国社）
『日本のアール・デコ建築入門』（王国社）
『図説アール・デコ建築』（河出書房新社）
『西洋建築史』（森北出版）
『アール・デコの建築』（中公新書）
『トニー・ガルニエ「工業都市」注解』（中央公論美術出版）
『オーギュスト・ペレ』（鹿島出版会）
『トニー・ガルニエ』（鹿島出版会）
『オーダーの謎と魅惑』（彰国社）
『ヨコハマ建築慕情』（鹿島出版会）
『ヨコハマ建築案内1950-1994』（鹿島出版会）　ほか

訳書　N.ペヴスナー『十九世紀の建築著述家たち』（中央公論美術出版）
P.A.ミヒェリス『建築美学』（南洋堂出版）　ほか

日本のアール・デコ建築物語

2016年12月30日　初版発行

著　者――吉田鋼市　

発行者――山岸久夫

発行所――王　国　社

〒270-0002　千葉県松戸市平賀152-8

tel 047（347）0952　　fax 047（347）0954

郵便振替　00110-6-80255

印刷　三美印刷　　製本　小泉製本

写真――吉田鋼市

装幀・構成――水野哲也（Watermark）

ISBN 978-4-86073-063-5　*Printed in Japan*

王国社の建築書

日本のアール・デコ建築入門　吉田鋼市
大正・昭和戦前期に、日本のアール・デコ建築は開花。　1800

日本のアール・デコの建築家　吉田鋼市
渡辺仁から村野藤吾まで――現存する建築の見所を解明。　1800

プロフェッショナルとは何か　香山壽夫
建築家歴50年の著者が長持ちする秘訣を熱く伝授する。　1850

人の集まり方をデザインする　千葉学
建築の設計において最初に問うべきテーマを考察する。　1850

構造デザイン講義　内藤廣
建築と土木に通底するもの。東京大学における講義集成。　1900

環境デザイン講義　内藤廣
東京大学講義集成第二弾――環境を身体経験から捉える。　1900

形態デザイン講義　内藤廣
東京大学講義集成第三弾――使われ続ける形態とは何か。　1900

建築のちから　内藤廣
いま基本に立ち戻り建築に何が可能かを問う渾身の書。　1900

場のちから　内藤廣
我々の生きる時代とは何か。「場のちから」を受け止める。　1900

数字は本体価格です。